Leduc s'engage pour une fabrication écoresponsable !

« Des livres pour mieux vivre », c'est la devise de notre maison.
Et vivre mieux, c'est vivre en impactant positivement le monde qui nous entoure ! C'est pourquoi nous avons fait le choix de l'écoresponsabilité. Un livre écoresponsable, c'est une impression respectueuse de l'environnement, un papier issu de forêts gérées durablement (papier FSC® ou PEFC), un nombre de kilomètres limité avant d'arriver dans vos mains (90 % de nos livres sont imprimés en Europe, et 40 % en France), un format optimisé pour éviter la gâche papier et un tirage ajusté pour minimiser le pilon ! Pour en savoir plus, rendez-vous sur notre site.

Conseil éditorial : Katia Bougchiche
Édition : Céline Haimé
Maquette : Evelyne Nobre
Correction : Marie-Laure Deveau
Design de couverture : Constance Clavel
Illustration de couverture : Adobe Stock
Illustration page 4 : « Le rêve » selon Teddy Ros

10, place des Cinq-Martyrs-du-Lycée-Buffon
75015 Paris – France
ISBN : 979-10-285-2615-3

MICHAËL LAHMI

Préface de Katia Bougchiche

La langue des rêves

Décrypter vos rêves grâce à une méthode inédite

LEDUC

Rêve ouvert
Bienvenue

Il n'y a rien de plus beau que le temps.
J'aime m'y regarder, moi qui me suis piégé dedans.

Michaël Lahmi

SOMMAIRE

PRÉFACE

Les rêves nous sont mystérieux et ne cessent de questionner la nature de notre psyché. Depuis la nuit des temps, la science des rêves, détenue tantôt par les prêtres réalisant des rituels d'oniromancie pour interroger les dieux, tantôt par les psychanalystes, a été conservée jalousement par une élite.

Le livre que vous tenez entre les mains va à contre-courant, et Michaël Lahmi, son auteur, démythifie l'interprétation des rêves et l'accès à leur vérité profonde. Dans cet ouvrage issu d'un travail intérieur assidu, il propose une méthode analytique qui guide et aide le lecteur, étape par étape, à s'approprier les différents éléments du rêve afin que tout un chacun puisse devenir familier du langage onirique, des symboles qui le peuplent, des personnages qui le traversent ainsi que de la trame créée entre l'inconscient, l'âme et la psyché.

Pour élaborer cette méthode d'interprétation et d'analyse des rêves accessible et intelligible par tous, Michaël Lahmi a consolidé des années de travail personnel, d'interprétations des rêves de ses patients, de connaissances relatives aux mythes les plus pérennes de notre humanité, de synthèse des symboles les plus courants de notre psyché, d'exemples de guérisons et de transformations que les rêves initient, impulsent ou facilitent. Cette approche est d'autant plus novatrice qu'elle enseigne également la compréhension et l'interprétation de séries de rêves qui se complètent les uns les autres et permettent de disséquer les profondeurs de notre inconscient ainsi que le travail faramineux se réalisant en permanence dans notre psyché. Cette initiation aux séries de rêves est la découverte la plus surprenante et édifiante de ce livre et nous ouvre un champ d'exploration jamais évoqué jusqu'alors.

En suivant la méthode de l'auteur, nous pénétrons progressivement dans le mystère des rêves, nous développons nos capacités à en relever les éléments signifiants, et sommes émerveillés de voir un message s'agencer et s'élaborer. À force de pratique, la science des rêves nous est dévoilée, et la structure ainsi que la richesse de notre psyché s'offrent à nous. Nous nous sentons (re)connectés et guidés par une dimension du soi invisible aussi précise qu'infaillible.

La science des rêves a ceci de magique qu'elle nous éclaire en tant que lecteur, assouvit notre curiosité, mais ne cesse de nous subjuguer et de questionner cet autre qui écrit les rêves.

Pour approcher le livre de Michaël Lahmi, il est essentiel d'abandonner une interprétation toute faite, habitude acquise avec les dictionnaires des rêves, et de se mettre en quête, d'apprendre à questionner le rêve et ses différentes parties. Et cette dimension d'enquête est passionnante : au petit matin, nous nous saisissons du contenu onirique déposé sur notre oreiller et nous en extrayons la substantifique moelle.

C'est de cette manière que nous nous mettons en chemin et reprenons la responsabilité de notre vie et de toutes les facettes qui s'y déploient. Sur cette voie d'émancipation, cet ouvrage nous initie aux secrets de la compréhension du rêve et nous aide à devenir des praticiens des rêves, jusqu'à ce que se souvenir de nos rêves et les interpréter nous devienne une gymnastique usuelle.

Nous nous engageons alors dans la voie des mystères, et les rêves détiennent des clés nous donnant l'accès à des sentiers d'exploration et de réalisation du soi. Leur familiarité est incontournable pour tous ceux souhaitant connaître leur potentiel et la vérité cachée derrière les expériences et les choix de la vie quotidienne, mais aussi pour tous ceux désirant s'initier au langage des symboles et aux murmures de l'âme.

Katia Bougchiche

INTRODUCTION

Qu'y a-t-il au-delà de nous ? Voici une drôle de question pour commencer un livre. C'est pourtant de cela dont nous allons parler. Les rêves sont au-delà de nous-mêmes, je ne crois pas qu'ils puissent être contenus dans le petit espace de notre cerveau.

Mais alors où sont-ils ? S'ils ne se réduisent pas à un afflux chimique, ils sont peut-être le fruit de quelque chose de plus grand. Il me semble impossible qu'un message précis et adressé puisse provenir d'un cocktail aléatoire de neurotransmetteurs.

Les rêves nous donnent accès à un monde merveilleux qui ressemble à notre réalité, mais dans une fantaisie riche de sens. Derrière leur étrangeté se cachent des messages construits et précis envoyés sans complaisance pour nous faire grandir et avancer. Ils sont parfois sévères pour nous inciter à réagir et à reprendre le contrôle de notre vie. Ils nous montrent nos écueils, nos fausses routes et nos croyances illusoires, mais aussi nos zones de lumière, nos talents et le meilleur chemin à emprunter. Décrypter les rêves, c'est apprendre à se comprendre, c'est-à-dire découvrir les croyances et les valeurs structurantes de notre personnalité.

L'interprétation des rêves n'est pas réservée à certains qui auraient un don ou un talent particulier pour le faire. Tout le monde peut décrypter les rêves. Il ne s'agit pas d'une science obscure mais, d'après moi, d'une science exacte. Même si les rêves peuvent paraître abscons, il s'agit d'un autre mode de communication rationnel que nous pouvons comprendre de manière analytique. Il convient de suivre une méthodologie et d'utiliser les bons outils pour appréhender ce langage, où les symboles sont les mots. Il s'agit d'en assimiler les mécanismes et, comme pour toutes les langues, il faut pratiquer.

Vous trouverez dans ce livre tous les outils nécessaires pour comprendre vos rêves, puis dans un second temps, ceux que l'on vous confiera. Nos rêves sont toujours les plus difficiles à appréhender, mais ils sont le meilleur entraînement pour interpréter ceux des autres, qui vous paraîtront plus simples à analyser. D'abord parce que le décryptage de vos rêves vous permet de vous familiariser avec des motifs de base, puis parce que vous serez détaché du message et de la peur qui va avec. Vos premiers succès dans l'interprétation deviendront rapidement une motivation pour progresser.

Ainsi, en comprenant vos rêves, en plus du message qu'ils vous transmettent, vous pourrez devenir des passeurs de cette science qui, je crois, ne demande qu'à être révélée largement.

L'interprétation des rêves est un formidable outil d'introspection trop négligé de nos jours. J'ai pour ambition de démocratiser le langage des rêves, car il nous permet d'accéder à l'autre côté du miroir, au-delà de nos propres résistances, là où se trouvent nos mécanismes profonds.

Le livre est articulé autour de trois grandes parties. J'évoquerai d'abord le cheminement personnel qui m'a amené à m'intéresser aux rêves, puis je vous donnerai trois méthodes pour vous souvenir de vos rêves. Nous verrons au travers de nombreux décryptages comment interpréter les symboles élémentaires, puis je vous donnerai une méthode analytique pour comprendre chaque nouveau symbole rencontré, sans avoir besoin d'un dictionnaire des rêves. Armés de ces bonnes bases, nous irons à la rencontre des mécanismes de la psyché. Nous verrons comment les rêves sont les révélateurs de notre enfermement dans des schémas qui ne nous appartiennent pas. Nos rêves auront une fonction d'alerte pour briser les spirales dans lesquelles nous sommes enfermés. Enfin, dans la dernière partie, nous étudierons comment les rêves peuvent révéler le plan de notre psyché, c'est-à-dire nos modes de fonctionnement profonds autour des valeurs immuables qui constituent notre personnalité.

MON CHEMIN VERS LES RÊVES

« Dieu, c'est comme le père Noël, ça n'existe pas. »

J'avais cinq ans quand ma mère a prononcé cette phrase. Nous venions de perdre Thierry, mon frère aîné, dans un accident de voiture.

De l'autre côté du miroir, il n'y avait donc rien, ni père Noël ni Dieu.

J'avais quinze ans quand mon père est décédé d'un cancer après un an de souffrances. Ce fut alors une certitude, si Dieu existait, il était mon ennemi. Je l'imaginais jouissant du malheur des miens, du monde, et du peuple juif dont je suis issu.

J'avais quinze ans, je croyais avoir vécu le pire, je ne savais pas qu'il était à venir. La vie s'est refermée sur moi inexorablement jusqu'à mes trente ans. J'étais matérialiste, je ne pensais qu'à la réussite sociale. J'affrontais la vie avec la peur au ventre, pensant que le ciel pouvait tomber sur moi à chaque instant.

J'ai fait des études d'ingénieur en biologie sans aimer la biologie.

J'ai vécu en province sans aimer la province.

J'ai racheté un centre de beauté, sans avoir d'appétence pour l'esthétique.

Sur le plan affectif, j'allais d'échec en désillusion. Je me suis fâché avec mon frère, et associé à une femme pour laquelle je manquais de sentiment.

Un matin, assis dans ma voiture, un sentiment horrible m'étreignit les tripes. Pourtant, cette sensation était plus agréable que ce qui m'attendait de l'autre côté de la portière. Je ne voulais pas sortir. Ma vie me donnait envie de vomir. Il me semblait n'y avoir aucune issue.

À cette époque, je me moquais de tous ceux qui croyaient, encore plus s'ils me parlaient de sciences mystiques ou ésotériques. Tout ceci n'était pour moi que des fadaises, jusqu'à ce que mon ami Patrick me fasse douter... À dix ans, très malade, et même proche de la mort, il disait être sorti de son corps pour être projeté au plafond. Je l'écoutai avec la plus grande attention. Patrick, j'en étais sûr, ne mentait pas.

Le vide de mon existence se remplissait maintenant de doute et de curiosité. Il existait peut-être quelque chose de l'autre côté du miroir.

Dans ma quête de sens, j'ai assisté à une conférence sur le chamanisme péruvien. On y a parlé de l'ayahuasca, cette drôle de substance vomitive et hallucinogène. C'était passionnant, même si tout ça me faisait très peur. La grande introspection grâce à une substance et un chaman était très loin des repères de mon éducation. J'ai pourtant tout de suite su que je devais y aller. J'espérais que cette thérapie de choc m'aiderait à répondre à mes deux interrogations : pourquoi ma vie est-elle un échec ? Y a-t-il quelque chose de l'autre côté du miroir ? De toute façon, cela me semblait la seule issue à mon mal-être, car j'étais incapable de trouver une solution rationnelle à ma souffrance.

Ce que j'ai vécu et ressenti lors de cette cérémonie chamanique a changé ma vie.

Je venais de recevoir une initiation aux symboles et à leurs sens. Il semblait qu'il devait y avoir quelqu'un, quelque part, qui me transmettait des messages de manière symbolique. Une piste de plus à explorer.

J'avais trouvé ce que j'étais venu chercher, et tellement plus encore. Mais comment faire cohabiter ces deux réalités dans la vie quotidienne, entouré de personnes peu enclines à entendre le récit de ces quelques jours. Comment allier ma pensée cartésienne et cette expérience au-delà du rationnel ?

Je ne savais pas qu'il me faudrait des années pour adapter ma vie à ce que je venais de vivre. Cette expérience remettait en question mes croyances profondes, mon éducation, et m'offrait une lecture différente de la vie.

Puis, j'ai retrouvé la vie que je détestais. Les chantiers étaient immenses et m'écrasaient. Il fallait tout changer, mais par quoi commencer ?

Et, un jour, quelqu'un m'a parlé de Lysiane.

J'étais perdu, et elle m'a dit par où commencer. Je ressentais les énergies, ces vibrations que l'on ne voit pas, c'était ça le début. Elle m'a dit : « Tu dois faire comme moi, aider ceux qui te le demandent. » Elle recevait des patients depuis plus de soixante ans. Elle les soignait par son magnétisme, ses conseils avisés et sa connaissance des règles invisibles.

J'avais déjà utilisé mon ressenti énergétique pour aider quelques personnes de mon entourage en revenant de mon voyage initiatique, mais de là à ouvrir un cabinet, cela me semblait un peu prématuré. Étonné, je lui ai demandé : « Mais comment savoir si je pourrai aider ceux qui viendront ? » Elle me répondit : « Tu n'as pas compris, les bonnes personnes te seront envoyées. » Je repartis avec cette phrase mystérieuse.

La première patiente à venir s'asseoir en face de moi était menue, environ quarante ans. Elle était paralysée de la moitié du visage. Elle était née avec un kyste qui ne cessait de pousser. Un centimètre à la naissance, il pouvait atteindre plusieurs dizaines de centimètres et peser presque un kilogramme, cachant la moitié de son visage. Elle était opérée régulièrement. Le kyste disparaissait momentanément pour repousser inévitablement. Il était parfois si gros qu'elle était obligée de le tenir.

Au décès de son père, sa mère a commencé à la battre. Toute la famille est retournée vivre en Algérie, où elle a vécu enfermée et battue pendant plus de quinze ans. Elle savait qu'elle pouvait se faire enlever son kyste définitivement, mais l'opération était risquée, il fallait inciser très près du nerf. Quand elle est revenue en France au décès de sa mère, sa première décision fut de tenter cette opération.

Elle m'a regardé dans les yeux à la fin de son récit pour me demander : « Pourquoi je vis tout cela ? Ai-je fait quelque chose pour mériter ce châtiment ? »

J'étais liquéfié. Moi qui parle d'habitude un peu trop fort, j'aurais tout donné pour être invisible.

Ce premier cas restera gravé dans ma mémoire pour le reste de ma vie. Les autres patients m'ont paru simples ensuite. Je n'avais pas fait le deuil de mon père : j'ai rencontré une série de patients en deuil. Les mots que je leur adressais étaient autant pour eux que pour moi. En même temps qu'eux, j'acceptais la mort. Après quelques mois, je pouvais parler de mon père sans débordements émotionnels. Mes patients m'avaient guéri.

Dans ma vie personnelle, j'ai décidé de m'attaquer à un autre chantier, celui de me séparer de ma compagne. La vie m'a alors envoyé une série de personnes récemment séparées ou en cours de rupture.

Après avoir discuté et tenté de résoudre par les mots les problématiques de mes patients, je passai au volet énergétique. Mes mains virevoltaient au contact de leurs énergies.

Les nœuds de leur existence étaient présents dans leur aura autant que dans leur esprit. Je trouvais dans les vibrations fines qui les entouraient certaines explications inconnues de leur conscience que je leur transmettais. Je les aidais à déconstruire pour reconstruire.

En parallèle, j'apprenais à décrypter mes rêves chaque nuit ; je ne savais pas que je construisais un outil que je vous transmets aujourd'hui.

Je savais depuis mon voyage initiatique que l'autre côté du miroir demandait à communiquer avec nous. Mais avions-nous un langage commun ?

J'en avais identifié trois que je pouvais utiliser : l'intuition, l'énergie et les rêves.

Peu à peu, je me souvenais de quelques bribes de rêves, puis de rêves en entier, bientôt de tous les rêves de mes nuits. Les messages devenaient de plus en plus compréhensibles. Le récit symbolique semblait suivre les règles classiques. Je rêvais la nuit, je décryptais le jour. Le récit de la nuit venait compléter celui du réel pour m'expliquer qui j'étais et où j'en étais. Sans ouvrir un livre sur les rêves, je comprenais de mieux en mieux leur langage. Ils devenaient les compagnons de mon quotidien pour m'éclairer dans mon évolution. Je comprenais que les rêves nous transmettent d'autres visions de nous-mêmes, nous révèlent des parties à explorer, répondent à nos questions, nous préviennent des défis à venir.

Mes rêves étaient toujours les plus difficiles à décrypter, comme pour m'enseigner les bases avant d'appréhender ceux des autres. Ainsi, j'interprétais mes rêves, ceux de mes amis et ceux de mes patients.

Cela faisait plusieurs années que je pratiquais. Ce mois de septembre 2012, une armée de nouveaux patients venaient me consulter. Il fallait reprendre depuis le début avec chacun, répétant des concepts que je connaissais par cœur, mais disais sans cœur. À celui qui ne comprenait pas assez vite, je réexpliquais excédé. Il fallait que j'arrête, alors j'ai fermé mon cabinet.

Aujourd'hui, ma vie me semble très apaisée par rapport à cette période de forte remise en question. Je suis marié et heureux. La vie continue de proposer son lot de défis, parfois d'adversité, mais je m'ancre dans mon chemin un peu plus chaque jour.

Je n'ai jamais arrêté de décrypter les rêves, les miens et ceux de mes amis qu'ils m'envoient chaque matin, comme un rituel.

Mon amie Katia, que je connais depuis plus de vingt ans, me poussait depuis longtemps à ne pas garder pour moi ce que j'avais compris des rêves et de leurs mystères.

C'est grâce à elle que j'ai écrit tous ces mots et toutes ces phrases que je vous livre aujourd'hui.

PARTIE 1

INTRODUCTION À L'INTERPRÉTATION DES RÊVES

Chapitre 1
COMMENT INTERPRÉTER LES RÊVES ?

Avant de voir ensemble les différents éléments de l'interprétation d'un rêve, je vais vous en livrer ma définition.

QUE SONT LES RÊVES ?

Nous sommes constitués de deux parties. La plus petite, celle que nous observons au quotidien, est prisonnière de concepts, de valeurs, de croyances et du temps. Cette partie a du mal à prendre du recul sur tous ces éléments qui la caractérisent, et qui créent la personnalité.

La plus grande partie, elle, ne connaît aucune prison, aucune valeur, aucune limitation, pas de boîte crânienne, pas d'hormones, pas de pulsions, elle n'est limitée ni dans le temps ni dans l'espace. Cette partie nous connaît mieux que nous-mêmes et ne demande d'après moi qu'à nous aider.

Le rêve est un canal de communication entre ces deux parties, un pont vers l'autre côté du miroir. Il nous révèle ce que nous ne savons pas encore de nous ou ne voulons pas voir.

Les rêves ne sont pas complaisants, mais toujours bienveillants. Une fois ce canal créé, ils nous révéleront nos dysfonctionnements dans chacun des domaines de notre vie : en amour, dans notre vie professionnelle, au niveau social… Ils nous dévoilent nos mécanismes superficiels et profonds, nos zones de beauté et d'ombre. Grandir avec les rêves, cela veut donc dire accepter l'introspection. Les rêves ne prennent pas d'ambages pour nous montrer ce qui est dysharmonieux. Toutes nos croyances, nos obsessions et tout ce qui n'est pas aligné entre notre essence profonde et notre personnalité y seront mis en lumière.

Les rêves et leur décryptage sont des voyages passionnants en nous-mêmes que nous pouvons faire nuit après nuit. Ils nous donnent la dose d'information que nous pouvons digérer pour grandir. Ils sont les alliés de notre quotidien et s'ajoutent à ce que nous vivons en journée pour nous aider à mieux le comprendre.

Dans les rêves, le récit est écrit admirablement par un auteur qui ne laisse rien au hasard. Chaque élément du rêve est un enseignement parfait qui dit quelque chose de nous. Ainsi, chaque détail est une information à interpréter.

Mes rêves mettent en images qui je suis, mes modes de fonctionnement, mais aussi mes défis à relever. Il s'agit d'une histoire dont je suis le héros à 100 %, du personnage que j'incarne, jusqu'à la couleur du papier peint écorné d'une maison. Ainsi, si je rêve d'une maison, je rêve de ma structure ; si je rêve de personnages, ils caractérisent une partie de ma personnalité, si je rêve de lieux sombres, je perçois la partie de mon inconscient qui demande à se manifester.

Certaines personnes me disent : « Ah oui, j'ai rêvé de cela parce que je l'ai vécu aujourd'hui, il n'y a pas de message, ça ressemble juste à mon quotidien. » Même si les rêves se servent parfois de nos souvenirs proches ou lointains, je ne crois pas qu'il s'agisse juste d'une divagation de notre cerveau.

LA LOGIQUE SYMBOLIQUE

Dans les rêves, tout est symbolique, de l'élément le plus monumental au plus petit des objets qui s'y trouvent. Il s'agit donc de comprendre la logique symbolique pour interpréter les rêves. Chaque symbole est comme un mot indispensable pour comprendre la phrase. Pour autant, les symboles ne fonctionnent pas comme des mots. Interpréter un symbole, c'est le relier à son essence profonde et à la nôtre. Les symboles véhiculent des notions qui adoptent les formes les plus appropriées pour percuter notre conscience.

Les symboles sont, de manière paradoxale, universels, et toujours adaptés à nous et à notre contexte spatiotemporel. Par exemple, si je rêve d'un avion, je peux penser que ce symbole est lié à mon époque et n'est pas universel. Pourtant, rien n'empêchait une personne née il y a trois siècles de rêver d'une machine volante. L'avion blanc avec des ailes tel que nous le connaissons est la vision contemporaine d'un engin volant.

Comment décrypter le symbole de l'avion ? D'abord, il faut interpréter sa fonction : celle de l'avion est de voler vers une destination. Pour voler, l'avion doit décoller et prendre de la hauteur. Étant donné que dans les rêves tout nous renvoie à nous-mêmes, le symbole de l'avion nous parle de notre élévation vers une destination qui est également nous-mêmes, mais à l'avenir. L'avion nous parle d'émancipation.

Les personnages sont également symboliques. Quand nous rêvons de quelqu'un, nous ne rêvons pas « vraiment » de lui, mais de ce qu'il représente pour nous. Il s'agit d'une facette de nous-mêmes qui est mise en lumière.

Apprendre à décrypter les rêves, c'est s'approprier la logique symbolique. C'est ce que je vous propose à travers ce livre. Il s'agit d'une gymnastique de l'esprit. L'interprétation des rêves n'est nullement réservée à quelques personnes, mais peut être appréhendée par tout le monde. Il s'agit de comprendre ce que l'on peut y trouver. La démarche est analytique, rationnelle et, d'après moi, universelle.

Le message des rêves ne varie pas en fonction de la personne qui l'interprète, il est précis et il n'y a qu'une seule façon de le décrypter. Comme tous les langages, il peut y avoir des nuances en fonction de la sensibilité de la personne qui l'interprète, mais le message reste globalement le même.

Les éléments connus : utiliser le questionnement

Nous pouvons trouver dans les rêves des éléments que nous connaissons. Il peut s'agir d'amis, de membres de la famille ou de célébrités. Il peut s'agir de lieux où nous avons vécu, que nous avons visités ou que nous ne connaissons que de nom. La signification de ces symboles est liée à l'image que s'en fait le rêveur et à l'expérience unique qu'il en a. Ainsi, un acteur célèbre aura deux significations différentes pour deux rêveurs différents. Il faut donc interroger le rêveur sur ces sujets en lui posant des questions simples. Il devra répondre également le plus simplement possible, sans jugement, et sans trop y réfléchir.

Si quelqu'un rêve de George Clooney par exemple, il suffit de lui demander ce qu'il pense de l'acteur. S'il trouve qu'il est élégant, ce personnage dans le rêve illustre l'élégance du rêveur.

Si le rêve se déroule à Florence, il suffit de demander au rêveur de dire deux mots au sujet de cette ville. S'il trouve que c'est une ville tournée vers les arts, le sujet du rêve est le rapport à l'art du rêveur.

Les objets, lieux et personnages inconnus : la méthode analytique

Tous les éléments avec lesquels nous n'avons pas de lien particulier peuvent être interprétés de manière analytique sans avoir à questionner le rêveur et sans utiliser un dictionnaire onirique. Il est impossible dans la linguistique traditionnelle de comprendre un mot nouveau sorti de son contexte et sans dictionnaire, alors que c'est tout à fait possible avec un symbole inconnu.

Prenons l'exemple de la bouilloire. Comment interpréter ce symbole si je le croise dans un rêve, sachant que j'ai peu de chances de le trouver dans un dictionnaire des rêves ? Eh bien, de manière analytique.

Une bouilloire est une machine qui permet de chauffer de l'eau jusqu'à ébullition et qui trouve sa place dans la cuisine. À partir des autres symboles auxquels la bouilloire renvoie, je peux comprendre son message. L'eau est le symbole de la vie et du féminin. La cuisine est le lieu du don, c'est l'endroit où l'on associe de manière unique les saveurs pour les partager. La bouilloire est donc une machine à réchauffer la vie (l'eau) jusqu'à la rendre bouillante dans ce lieu qui caractérise notre capacité à donner (la cuisine). Imaginons que je rêve d'une bouilloire avec de l'eau à ébullition qui déborde dans la cuisine, j'en déduirai que ce que j'ai à donner est peut-être brûlant pour les autres. Peut-être que ce que je transmets aux autres est ma colère. Mon rêve m'inviterait alors à en prendre conscience, pour apprendre à la modérer.

Il est ainsi possible d'interpréter tous les symboles de manière analytique en les reliant aux autres symboles primaires auxquels ils font référence. Il est donc utile de connaître certains symboles pour interpréter tous les autres.

LE RÉCIT ONIRIQUE SUIT LES RÈGLES CLASSIQUES DU RÉCIT

Aussi surprenant que cela puisse paraître, les rêves suivent les règles du récit classique. *A priori* absurdes ou chaotiques, les rêves sont pourtant constitués de scènes disposées les unes à la suite des autres avec un début et une fin, comme dans un roman ou un film. L'intrigue est posée au début, puis l'histoire se déroule dans différents endroits. Même s'il s'agit d'un huis clos, les règles du récit sont respectées. La première scène présente la problématique, qui se transmet d'acte en acte jusqu'au dénouement.

Si le rêve n'a pas de conclusion, il est probable que la réponse à l'énigme initiale sera révélée dans notre prochain rêve ou pendant la journée. Le rêve viendra alors mettre en lumière une problématique dont nous devons trouver la résolution en conscience par l'expérience.

Vous l'avez sûrement déjà compris, les sujets abordés par les rêves sont aussi vastes que ceux des romans. La trajectoire du héros y est aussi semblable. Les récits nous montrent son émancipation, ou au contraire sa chute si le défi proposé n'est pas relevé. Comme dans un récit dramatique, les rêves peuvent nous montrer les portes que nous n'arrivons pas à franchir, les cercles vicieux dans lesquels nous nous enfermons. Au contraire, certains rêves nous montrent nos succès et nos transformations réussies.

Quand on travaille sur les rêves, on se rend compte qu'ils ne sont pas détachés de notre quotidien, ils en sont au contraire le prolongement, ils viennent le compléter. Une synergie circule entre notre vie le jour et nos rêves. Il s'agit de la même histoire, mais abordée depuis deux points de vue qui se complètent l'un l'autre. Je pense qu'il est dommage de se priver de l'un des deux.

Quelle partie du rêve faut-il interpréter ?

La partie du rêve dont nous nous souvenons est celle à interpréter. Je crois que nos souvenirs sont toujours justes. Les parties du rêve que nous oublions n'avaient pas besoin de venir en conscience. Cependant, chaque élément remémoré doit être incorporé à l'interprétation. Chaque symbole confirme la cohérence du message, et chaque souvenir même insignifiant apporte une précision. Il n'est pas possible d'ignorer un élément d'un rêve, car rien n'est le fruit du hasard. Les rêves doivent être appréhendés dans leur intégralité sans ignorer aucune partie ni aucun symbole.

Même si les rêves semblent absurdes, leurs scénarios sont toujours parfaitement écrits. Au fur et à mesure de l'interprétation, la clarté apparaîtra et chaque symbole viendra renforcer le précédent, pour donner toujours plus de cohérence au message.

Notion de souvenir

Une chose qui me semble assez incroyable dans les rêves, c'est que le personnage que nous y incarnons peut avoir des souvenirs.

Comme le héros d'un roman, nous pouvons avoir un passé dont nous nous souvenons au début du rêve. Ainsi, j'ai une fois fait un rêve dans lequel j'étais conscient de mon histoire familiale, qui n'était pourtant pas la mienne dans la vraie vie, mais qui était essentielle pour comprendre la scène que je vivais. Dans un autre rêve où je vivais une dispute professionnelle, j'avais le souvenir des évènements à l'origine de la dispute.

L'auteur des rêves

Je laisse à chacun la possibilité en fonction de ses croyances de spéculer sur l'identité de l'auteur. Il s'agit peut-être de notre inconscient, de notre âme, d'une intelligence supérieure…

Peut-être qu'il s'agit d'un peu de tout cela, mais il revient à chacun d'appréhender la science des rêves de la manière la plus juste pour lui.

Vivre les rêves comme une série télévisée dont nous sommes le héros

J'ai comparé le récit des rêves aux récits classiques comme ceux que nous suivons sur nos écrans. Mais que se passe-t-il avec l'interprétation de nos rêves au quotidien ?

Au fur et à mesure de notre appropriation de la science des rêves, ils deviennent de plus en plus longs, et nous allons rapidement nous souvenir de nos rêves en entier. Comme dans un récit classique, la première scène du rêve pose l'intrigue. Le sujet du rêve est alors mis en évidence, comme pour un film ou un roman, ce peut être l'amour, l'amitié, la recherche de succès… la seule différence avec un récit classique, c'est que nous en sommes le personnage central.

Avec le souvenir du premier rêve entier et sa compréhension, nous nous apercevons rapidement qu'il peut manquer la fin. Comme pour une série télévisuelle, la suite sera au prochain épisode. Le rêve de la nuit suivante reprendra là où le rêve précédent s'est arrêté. La conclusion du récit ne sera alors que dans plusieurs épisodes.

Avec plusieurs épisodes, la problématique est mieux déclinée, mieux décortiquée. Il est ainsi possible d'aller beaucoup plus en profondeur par rapport aux sujets abordés.

Une séquence de rêves permet la prise de conscience en journée entre chaque épisode. La conscience va ainsi évoluer au jour le jour avec la série de rêves. Ainsi, il peut s'opérer une véritable transformation du rêveur par rapport aux sujets traités. Le séquençage de la problématique en plusieurs rêves est un puissant outil d'introspection et de changement.

Chapitre 2
SE SOUVENIR DE SES RÊVES

Pour pouvoir décrypter ses rêves, encore faut-il s'en souvenir. C'est relativement simple. Je vous propose trois méthodes qui donnent des résultats rapidement.

IL SUFFIT DE LE DÉSIRER AU BON MOMENT

Avec la conscience et l'envie de vous approprier un nouvel outil d'introspection, les rêves vont se révéler à vous. Je crois qu'une conscience plus élevée de nous-mêmes ne demande qu'à libérer cet accès pour entrer en contact avec nous. Il n'est donc pas difficile de se souvenir de nos rêves, car en réalité ils ne demandent que ça. Il suffit de quelques jours pour obtenir les premiers résultats. L'accès de notre inconscient vers notre conscience se crée très rapidement pour que nous puissions recevoir les premiers messages. Une fois ouvert, ce canal le restera, et nous pourrons recevoir les informations quotidiennement.

Il s'agit de maîtriser ses pensées à un moment particulier. Il suffit de s'endormir avec la volonté de se souvenir de ses rêves, de garder cette idée fixe en tête, en laissant le moins de place possible aux autres pensées.

S'endormir avec cette idée simple amène très vite des résultats, mais rarement le premier soir. Il peut être frustrant la première nuit de ne pas se souvenir de ses rêves alors que la méthode a été correctement suivie. C'est comme s'il fallait du temps pour préparer notre système. Les résultats viennent généralement le troisième jour. Il s'agit de répéter la méthode tous les soirs. Rapidement, les premières bribes de rêves resteront en mémoire au réveil, puis un rêve en entier, puis plusieurs rêves.

Il est à noter que, quelle que soit la longueur du souvenir onirique, il sera intéressant de l'interpréter. Parfois, le rêve se résume à une ou deux images, mais si vous vous en souvenez, c'est qu'il s'y trouve un message. Les premiers rêves peuvent apparaître comme complètement chaotiques. Pour moi, tous les souvenirs oniriques sont des messages de notre inconscient à s'approprier, il est important de tenter de les décrypter.

DEUX MÉTHODES DE VISUALISATION

Je vous propose deux autres méthodes pour vous souvenir de vos rêves. Elles sont plus méditatives et ne viennent pas de moi, mais d'un livre sur le yoga des rêves.

Ces deux méthodes s'opèrent également au moment de l'endormissement, les yeux fermés.

Pour la première, il s'agit de visualiser dans votre tête une boule de lumière et de la faire grandir à l'infini. Voyez cette boule grandir d'un point dans votre cerveau jusqu'à englober tout l'univers en passant par toutes les étapes intermédiaires, votre corps, lieu de vie, ville, pays, planète...

Si vous n'avez pas trouvé le sommeil quand vous arrivez à l'univers entier, refaites le cheminement inverse, voyez la boule diminuer de l'univers jusqu'à un point de votre cerveau, puis recommencez jusqu'à ce que sommeil s'ensuive.

La dernière méthode est plus simple, il suffit de visualiser une boule de lumière autour de votre tête (sans la faire grandir) et de vous endormir avec cette vision.

Ces trois méthodes sont très efficaces et donnent des résultats souvent à partir du troisième jour. Il est tout à fait possible de panacher les méthodes, d'utiliser l'une, puis l'autre et de conserver celle avec laquelle vous êtes le plus à l'aise. Une fois le canal ouvert, il le restera.

PARTIE 2

PRINCIPAUX SYMBOLES ET CLÉS POUR DÉCRYPTER LES RÊVES

Préambule

Les rêves peuvent nous sembler absurdes, pourtant ils s'appuient sur des mécanismes très structurés. Dans les rêves, tout est symbolique, et tout est nous-mêmes. En comprenant leur langage, en s'appropriant ses codes, il est tout à fait possible de décrypter les rêves de manière analytique.

Il suffit d'assimiler quelques symboles et leur fonctionnement pour les comprendre tous. Certains, par exemple les pièces de la maison, l'eau, les animaux ou certains objets, ont des significations communes pour tout un chacun.

Dans cette partie, nous étudierons les symboles qui me semblent les plus importants. Cela constituera une base solide pour tous les appréhender de manière analytique, sans avoir à se référer à un dictionnaire onirique. Pour chaque symbole, je vous proposerai un ou plusieurs rêves, leur décryptage et leur message.

Chapitre 1
LES PERSONNAGES

Nous allons commencer notre étude des symboles par celui des personnages. Ce sont souvent les éléments les plus marquants pour les personnes qui me confient leurs rêves. Les personnages sont omniprésents dans les rêves, il peut s'agir de personnes de notre entourage, de parfaits inconnus, ou bien encore de personnes célèbres.

Pour étudier leur rôle et les décrypter correctement, il y a une logique particulière à s'approprier car, contrairement à certains symboles qui peuvent être universels, les personnages font toujours appel à un questionnement très personnel.

LES PERSONNAGES : DES FACETTES DE NOUS-MÊMES

Dans les rêves, tout nous renseigne sur nous-mêmes. Chaque élément est un petit bout de nous qui est mis en lumière pour que nous en prenions conscience. Les personnages n'échappent pas à cette règle.

Par conséquent, si je rêve d'un bon ami, je ne rêve pas réellement de lui, mais de moi-même, ou plutôt de ce qu'il symbolise de moi.

Prenons l'exemple d'un ami que je trouve courageux, ce qu'il exprime dans mon rêve est la notion de courage. Cela ne veut pas forcément dire que je suis courageux, cela vient mettre en image cette valeur. En observant ce personnage évoluer, je vois mon courage évoluer.

J'ai récemment fait ce rêve qui illustre parfaitement cet aspect.

Trois enfants au travail

Trois enfants qui me caractérisent,
Sont-ils faits pour s'associer ?
À travers eux, c'est mon harmonie qui est en jeu.

☾ Le rêve

Je suis avec trois garçons âgés d'une dizaine d'années que je ne connais pas. Le premier est fin et malicieux, le deuxième dodu et orgueilleux. Je vois mal le troisième. Ils sont assis à table pour travailler, mais le petit orgueilleux embête le malicieux.

Pour défendre celui-ci, je décide d'interpeler le petit dodu. Je lui explique qu'il perturbe son camarade, qu'il est trop orgueilleux, qu'il prend trop de place. Quand il revient à la table, la coopération entre les trois garçons devient harmonieuse. Je les regarde commencer un projet commun, puis je me réveille.

☾ Que symbolisent les trois petits garçons ?

Ces personnages sont venus m'en dire un peu plus sur moi pour m'aider à grandir. Ils correspondent à trois de mes particularités qui sont mises en lumière. Par ce petit garçon dodu et orgueilleux, mon rêve me dit que mon orgueil prend trop de place et vient perturber mon processus créatif, mon côté malicieux.
Le fait que je décide de lui parler symbolise ma prise de conscience sur le sujet. Quand il retourne travailler avec les autres, je remarque qu'il est devenu le moteur du groupe. Cet orgueil canalisé devient une énergie créatrice.

☾ Et le troisième petit garçon ?

Que vient faire cet enfant que je distingue mal ? Dans les rêves, les personnages non identifiés comme celui-ci sont des parties de nous-mêmes qui demandent à être révélées, à passer en conscience.

→

Le soir, je me suis donc endormi avec l'envie d'en savoir plus sur ce personnage mystérieux (j'expliquerai un peu plus tard comment interroger les rêves, voir page 145). Le matin, j'avais ma réponse. J'avais rêvé d'une petite fille qui était dans ma classe en primaire. Cette demoiselle avait une certaine aura et du pouvoir sur les autres.
Dans les rêves, tout est nous. Le pouvoir que cette petite fille a sur les autres matérialise celui que je peux avoir sur toutes les facettes de ma personnalité.

☾ Le message du rêve

En canalisant mon orgueil, il devient moteur, et mes autres caractéristiques peuvent s'exprimer. C'est ainsi que je peux avoir du pouvoir sur ma vie.

Dans ce rêve, je savais qu'un petit garçon était orgueilleux et l'autre malicieux, mais ce n'est pas toujours aussi simple. Il faut la plupart du temps s'interroger au sujet des personnages. La réponse est toujours personnelle.

Il suffit de se poser la question simplement : qu'est-ce que je pense de cette personne ? Quels sont les mots qui me viennent spontanément si je dois la décrire ? Cette méthode s'applique qu'il s'agisse d'un personnage célèbre ou d'une connaissance personnelle.

Comme nous le verrons dans le chapitre suivant, notre structure est souvent montrée dans les rêves par des maisons ou des bâtiments, mais certains personnages nous y renvoient aussi. Quand je parle de notre structure, je parle de nos modes de fonctionnement, des valeurs, concepts et croyances autour desquels nous avons construit notre personnalité.

Dans l'image de moi-même que l'autre me renvoie, je peux savoir qui je suis, je peux y lire une facette de ma personnalité. Ce jeu de miroir existe dans les rêves. Un personnage peut me dévoiler qui je suis au travers de l'image qu'il me renvoie.

Prenons l'exemple d'un oncle mettant en avant sa réussite sociale. Sa présence dans mon rêve illustre la place de la valeur « réussite sociale » dans ma vie. Si l'image qu'il me renvoie est mon échec social, c'est cet aspect que le rêve me révèle par son intermédiaire. Je peux alors mieux évaluer ma construction autour de ce sujet.

Voyons maintenant une série de trois rêves mettant en scène cette fois des personnages célèbres.

Gérard Depardieu et François Hollande

Respect des normes ou expression de soi ?
Quand fait-on le choix de l'un ou de l'autre ?

☾ Préambule

Voici une série de trois rêves d'Ophélia. Sans porter aucun jugement, je précise qu'elle vit de manière « assez classique ». Diplômée, en couple, trois enfants, elle ne se met pas particulièrement en avant.

☾ Les trois rêves

Dans le premier rêve, elle est en mobylette derrière Gérard Depardieu. Ils sont sur un chemin qui les mène à de belles collines.
Dans le deuxième rêve, elle danse avec François Hollande en ressentant un certain bonheur.
Dans le troisième rêve, elle voit une professeure qu'elle avait au collège. Elle va à sa rencontre fièrement pour lui dire ce qu'elle est devenue aujourd'hui. La professeure lui envoie un regard approbateur.

☾ Que représente Gérard Depardieu ?

J'ai demandé à Ophélia de me dire deux mots au sujet de Gérard Depardieu. Elle m'a répondu qu'elle le trouvait hors norme, dans le bon sens du terme, et m'a précisé qu'elle avait de l'admiration pour ça. Elle a ajouté qu'à l'arrière de cette mobylette elle se sentait heureuse.

☾ Que représente François Hollande ?

Puis, je lui ai demandé de me donner les premiers mots qui lui venaient spontanément à l'esprit pour parler de François Hollande. Elle m'a répondu qu'elle le trouvait brillant.
Ainsi, Gérard Depardieu symbolise le côté hors norme d'Ophélia et François Hollande sa capacité à briller.
Cela semble en contradiction avec la vie d'Ophélia, qui se met peu en avant. Le troisième rêve vient tout expliquer.

☾ Que représente la professeure du collège ?

J'ai demandé à Ophélia de me dire deux mots au sujet de cette femme. Elle m'a répondu que c'était une bonne professeure, très droite, qui poussait à étudier.
Ophélia, dans le rêve, est très fière de lui dire ce qu'elle est devenue.

☾ Analyse

Ce rêve ne révèle pas l'influence de cette professeure, mais illustre comment et quand Ophélia s'est structurée →

autour des valeurs que représente ce personnage, la droiture et le côté studieux, mais la coupant aussi de la possibilité d'être hors norme et de briller, pour préférer incarner socialement la bonne élève.

☾ Le message de la série de rêves

Ce rêve nous enseigne comment certaines valeurs structurantes peuvent devenir limitantes, et nous couper de certaines parties de nous-mêmes et du plaisir qui va avec.

LE MESSAGE DES PERSONNAGES DÉPEND DU CONTEXTE

Les rêves traitent de sujets bien précis. Ils nous interpellent pour faire évoluer certaines de nos facettes. Le contexte du rêve est donc à prendre en considération quand nous nous questionnons au sujet des personnages. Ainsi, si le rêve aborde le sujet de l'amour, il s'agit d'interroger les personnages en ce sens. La question à poser au rêveur sera alors : que pensez-vous de cette personne dans le domaine amoureux ? La réponse viendra éclairer le rêveur sur son propre rapport à l'amour. Le questionnement varie donc en fonction du contexte : il peut s'agir du travail, de la famille, de l'amitié, ou de tout autre sujet de la vie.

Les Galeries Lafayette

Rarement apaisé,
Parfois conflictuel,
Le rapport à l'argent est souvent une source de crispation,
Qui nous éloigne du plaisir.

☾ Préambule

Dans le rêve de Sophia, c'est le rapport à l'argent qui est abordé.
Je connais Sophia et je peux dire qu'elle n'a pas de problèmes d'argent, elle gagne sa vie et n'hésite pas à se faire plaisir, à dépenser pour son confort et à acheter de beaux objets. Au moment où elle a fait ce rêve, elle organisait un stage de développement personnel à l'étranger dans un lieu très coûteux. Elle qui ne fait jamais les comptes, le faisait pour la première fois et je la voyais stressée par la situation.

☾ Le rêve

Sophia accompagne sa mère faire des courses aux Galeries Lafayette. Sa mère dépense beaucoup, et Sophia paie avec plaisir. Elle continue à payer alors que les sommes deviennent importantes. Elle voit la somme de 3 000 €, qu'elle paie sans souci, mais demande une facture. À la caisse, on lui demande si elle veut anticiper les prochains règlements. Elle répond catégoriquement non.

→

☾ Le rapport à l'argent de la mère de Sophia

Pour comprendre ce rêve, j'ai demandé à Sophia de me dire deux mots pour décrire sa mère, mais en orientant la question en fonction du sujet du rêve. Je lui ai ainsi demandé de me décrire le rapport à l'argent de sa mère. Elle m'a répondu que sa mère était très généreuse, mais mauvaise gestionnaire.

☾ Le rapport à l'argent de Sophia

Ce rêve décrit le rapport à l'argent de Sophia. Au travers du personnage de sa mère, c'est sa propre générosité qui est illustrée dans le rêve. Elle ne craint pas de dépenser pour se faire plaisir. Les Galeries Lafayette signifient qu'elle aime les belles choses. Même les grosses sommes ne l'angoissent pas, elle continue de payer avec plaisir. Quand elle demande la facture, le rêve indique que Sophia, contrairement à sa mère, est bonne gestionnaire. Le début du rêve décrit très bien le rapport à l'argent de Sophia, mais ne lui apporte pas d'information nouvelle ou pertinente pour la faire évoluer.

☾ Investissement

C'est à la fin, quand Sophia refuse d'anticiper les futures dépenses, que se trouve le message. Cela lui révèle

qu'elle a du mal à planifier les dépenses, notamment pour de l'investissement.
Ce rêve explique à Sophia ce qu'elle vit. Son projet l'oblige à planifier ses dépenses et fait disparaître la notion de plaisir immédiat. Les fruits de son investissement semblent trop lointains et sont occultés par la notion de rentabilité.
J'ai remarqué, à titre personnel, et autour de moi, que quand l'on compte trop l'argent, il vient à en manquer toujours un peu. Trop compter manifeste peut-être notre peur de manquer. De plus, ce sont souvent les projets qui créent l'argent.

☾ Le message du rêve

Quand Sophia fait des dépenses plaisir, elle vit une forme d'opulence, mais quand il s'agit de planifier et d'investir, elle compte et son système se grippe. Elle devrait peut-être renouer avec le plaisir, même dans la planification financière.

Chapitre 2
LES LIEUX

Quand des personnes me racontent leurs rêves, elles ont tendance à commencer par les éléments les plus marquants, en général les personnages et les évènements, mais elles oublient souvent de me préciser l'endroit. Or les lieux doivent être pris en compte lorsqu'on analyse un rêve. C'est une information fondamentale qui ne doit pas être perdue. Même confuse, elle est essentielle ! Par exemple, si je suis poursuivi par un gorille, j'oublierai peut-être de préciser que la scène se déroule dans mon salon. Pourtant, le rêve n'aura pas du tout le même sens si cela se passe dans la cuisine, la chambre ou dans une forêt.

C'est pourquoi quand je dois décrypter un rêve, je commence toujours par questionner le lieu et rechercher son sens. Cela va caractériser le thème du rêve et la problématique abordée. C'est seulement dans un second temps que j'analyse l'action et les autres symboles présents.

Nous allons décrypter les lieux les plus communs dans les rêves. Nous sommes très souvent dans des maisons ou des appartements, qu'ils nous appartiennent ou pas. Nous pouvons également être à l'extérieur, dans la rue ou dans un moyen de transport. Tous ces éléments nous transmettent des informations très différentes et essentielles. Passer à côté de ces symboles, c'est manquer la bonne interprétation et le sujet traité.

LES PIÈCES DE LA MAISON

Quand l'action se déroule dans un lieu fermé, les rêves révèlent notre structure, nous montrent nos modes de fonctionnement. Ils se déroulent souvent dans des lieux d'habitation où chaque pièce a un sens spécifique et nous renseigne sur un domaine de notre vie. Ainsi, si nous sommes dans une chambre, ils nous révèlent notre intimité, dans le salon la gestion de nos rapports humains…

De plus, il est très important de savoir chez qui nous sommes. Souvent nous sommes chez nous, mais nous pouvons également être dans la maison de notre enfance, chez des amis ou des lieux inconnus. Si nous sommes dans une chambre, le rêve parlera de notre intimité, mais sera à décrypter différemment selon que nous sommes chez un ami ou chez nous.

La chambre : le lieu de l'intime

C'est notre rapport à l'intime qui est illustré quand le rêve se déroule dans la chambre.

L'intime est tout ce que nous gardons au plus proche de nous et que nous partageons peu. C'est la partie que nous devons protéger et ne partager qu'avec des personnes bienveillantes que nous avons sélectionnées. Les rêves parlent par exemple souvent des difficultés de certains rêveurs à mettre une frontière claire entre l'intime et la vie sociale. D'après moi, il est de la responsabilité de chacun de définir ce que nous protégeons et ce que nous partageons. Les rêves joueront un rôle d'alerte si nous n'avons pas clairement défini cette frontière.

Bien sûr, notre rapport amoureux est également souvent illustré dans la chambre. Il peut être le fruit de beaucoup d'illusions ou de fausses croyances sclérosantes. Les rêves vont là aussi venir les dénoncer.

Quelques exemples

- S'il y a un voleur dans ma chambre, le rêve vient me dire que je ne protège pas assez mon intimité.

- Si je ne peux pas sortir de ma chambre, c'est que je suis trop replié sur moi-même.

- Si je travaille dans ma chambre, c'est qu'il y a une proximité entre mon travail et mon intimité.

Un trou dans la chambre

Illusions de l'amour,
Si je me crois dans un Disney,
Il n'y aura que vacuité
ou désenchantement.

☾ Le rêve

Johanna, dans son rêve, est dans une chambre. Elle est chez ses voisins, mais il s'agit pourtant de sa chambre. Elle remarque un trou dans le sol et dans son lit.
Quand elle regarde dedans, elle y voit Carlos, un homme qu'elle connaît.

☾ Le trou dans le plancher

Johanna est dans une chambre qui est à la fois la sienne et chez ses voisins. Je reviendrai bientôt sur ce double sens.
Elle remarque un trou dans le plancher. Le sol d'une maison représente nos valeurs fondamentales, celles sur lesquelles nous nous appuyons pour vivre. Nous sommes dans la chambre de Johanna, donc dans son intimité, le sol est troué, il y a une remise en question de ses valeurs liées à son intimité.

☾ Sa chambre est chez ses voisins ?

Le voisin, c'est l'autre, c'est M. et Mme Tout-le-Monde, une expression de « la normalité ». Les voisins représentent les valeurs sociétales communes. Ce que vient illustrer la localisation de sa chambre chez les voisins avec le sol troué est que la valeur de Johanna qui est remise en question ne lui appartient pas. Il s'agit de valeurs communes, de valeurs transmises par la société.

☾ Qui est Carlos ?

Il y a deux trous, un dans le sol et un dans son lit. Qu'est-ce qui est remis en question dans son rêve ? La réponse est dans le trou : Carlos.
J'ai demandé à Johanna de me dire les deux premiers mots qui lui viennent à l'esprit au sujet de Carlos. Elle m'a répondu : « Carlos est un homme merveilleux, il est en couple. »
Johanna attend de trouver le prince charmant pour le placer au centre de son intimité. Hélas, je crois que ce qui est trop beau dans les rêves nous alerte sur nos idéaux et nos illusions. Je pense que personne ne mérite le titre de merveilleux, chaque être humain a son lot de défauts et de qualités qui fondent sa singularité. Johanna croit au prince charmant. Le fait que sa chambre soit chez ses voisins illustre que cette croyance n'est pas la sienne, mais véhiculée par la société.

→

☾ Le message du rêve

Ce que propose ce rêve à Johanna, c'est de sortir de l'illusion de la petite fille qui attend son prince et d'aborder les relations intimes avec plus de maturité. En attendant un homme merveilleux, elle se coupe d'expériences qui pourraient la faire grandir dans sa relation à l'autre.

La cave : le lieu de notre inconscient

Les rêves sont des voyages dans l'inconscient. Ils nous aident à mieux nous comprendre pour changer et grandir. Il peut s'agir de petits réajustements ou de zones complètement méconnues.

Toutes les zones sombres dans les rêves représentent notre inconscient. Il peut s'agir de personnages ou de lieux sombres. La cave est le lieu de prédilection de cette frontière. C'est un lieu naturellement sombre et sans fenêtre. La cave est un lieu de stockage où nous allons peu, comme dans notre inconscient. Les objets qui y sont rangés ont une forte inertie, comme les croyances stockées dans notre inconscient.

La cave fait partie des fondations des bâtiments. Il s'agit souvent d'éléments fondateurs structurants dont nous n'avons pas conscience.

Les rêves qui se déroulent dans la cave illustrent la gestion de ces flux entre notre conscience et notre inconscient.

Quelques exemples

- Si je rêve que je crains d'aller dans la cave, c'est que j'ai peur de mon inconscient.
- Chaque objet identifiable dans la cave est un élément structurant que mon inconscient veut mettre en lumière.
- Si, dans la cave, le cheminement est facile, c'est que j'ai fait un gros travail d'introspection.

Une cave encombrée

Le poids du passé crée une inertie,
Parfois si forte,
Que le moteur de la vie se grippe.

☾ Le rêve

Pierre descend l'escalier de la cave dans une obscurité totale. En bas de l'escalier, il trouve une lampe torche qui lui permet de mettre en lumière une petite partie de la cave encombrée par les vieux meubles de ses parents. Il se dirige ensuite vers la chaudière, qu'il n'arrive pas à faire fonctionner.

→

☾ Les meubles des parents

Quand j'ai demandé à Pierre de me dire deux mots au sujet de ses parents, il m'a répondu avec tristesse qu'ils étaient morts tous les deux depuis longtemps.
Cette lampe torche permet à Pierre d'éclairer ce qui encombre son inconscient et bloque son système : il s'agit de la tristesse et des regrets manifestés par les vieux meubles de ses parents.

☾ La chaudière

Dans une maison, la chaudière est en quelque sorte « le moteur », et ici il n'arrive pas à la mettre en route. Le moteur de la vie de Pierre ne fonctionne plus. Nous pouvons voir ici un lien de cause à effet : tant qu'il n'aura pas fait le travail de deuil, sa cave sera encombrée et le moteur de sa vie restera grippé.

☾ Le message du rêve

Je crois que les énergies doivent circuler constamment entre la conscience et l'inconscient. Aucune énergie ne doit rester sclérosée ni dans l'un ni dans l'autre. Le rêve alerte Pierre. Il devrait sans doute entreprendre un travail d'acceptation pour dissoudre peines et regrets afin de remettre en route le moteur de sa vie.

Le salon : le lieu de notre rapport social

Le salon est un lieu de convivialité, d'échanges, l'endroit où l'on reçoit ses invités. Tous les lieux de convivialité comme les réceptions, fêtes ou discothèques nous renseignent sur notre rapport aux autres, la façon dont notre lien social est structuré.

Quelques exemples

- Si, dans le salon, je me dispute avec les personnages du rêve, cela peut venir illustrer un rapport social conflictuel.
- Si, dans le salon, les personnages me tournent le dos, cela peut illustrer un isolement social.
- Si, dans le salon, je suis absorbé par un film, cela illustre que je vis les rapports humains par procuration.

Je suis belle et atypique

Exister socialement,
Au lieu d'exister
depuis soi.

☾ Le rêve

Sonia est au milieu d'une grande réception dans son salon. Son salon est beau, atypique et situé au centre de Paris. Le lieu est rempli d'inconnus.
Sonia veut se prendre en photo et l'envoyer à un ex-petit ami. Elle est très fière et veut lui montrer sa nouvelle maison. À la fin du rêve, elle est agacée et dérangée par la présence de tous les invités, car elle n'arrive pas à prendre sa photo. Elle se sent bloquée et s'endort sur le sol dans une position inconfortable.

☾ Le salon beau et atypique

D'après moi, le rêve révèle certaines projections de Sonia, en lui dévoilant l'image sociale qu'elle aimerait renvoyer. Le salon est beau, atypique et au centre de Paris. Il s'agit de la façon dont elle aimerait être vue : belle, atypique, avec une position centrale.

☾ Existentialité sociale

Le côté existentiel de cette projection se manifeste par la photo que Sonia veut prendre et envoyer à son ex-petit ami, sûrement pour prouver quelque chose. Son ex-petit ami illustre un besoin de revanche sur sa vie.

☾ Stagnation

La fin du rêve, par ce sentiment de blocage, indique à Sonia qu'elle fait fausse route. Ce besoin d'exister socialement pour prendre sa revanche ne peut pas être le moteur de sa vie. En se couchant sur le sol du salon plutôt que dans son lit, elle ressent un grand inconfort. Le sol du salon représente le besoin d'exister de Sonia qui guide sa vie et l'empêche de regagner son lieu de l'intimité, sa chambre. Exister est un cheminement de l'intérieur vers l'extérieur mais, obnubilée par son image, elle reste bloquée dans le salon.

☾ Le message du rêve

Sonia reste bloquée dans ce besoin d'exister plutôt que de connecter ses ressources intimes à sa vie sociale. La fin du rêve lui montre que cette projection ne peut pas la rendre heureuse et la bloque plutôt que de l'émanciper.

Le grenier : le lieu de l'inspiration

Le grenier est le dernier étage d'un bâtiment, celui qui est proche du ciel. Il correspond à l'énergie du chakra coronal. Quand je parle d'inspiration, je parle de notre capacité à avoir des idées nouvelles, à voir les choses sous un angle différent, plus singulier. Les rêves qui se déroulent dans le grenier nous parlent de notre capacité à recevoir cette inspiration.

Quelques exemples

- Si je rêve que mon grenier est encombré, quelque chose encombre mon inspiration.

- Si des personnes veulent envahir mon grenier, je crains que l'inspiration chamboule ma vie trop normée.

- Si je reconnais les objets ou les personnages présents dans le grenier, j'ai identifié mes sources d'inspiration.

Une amie d'enfance qui fait la tête

La banalité est rassurante,
Si je ne suis pas vu,
Je ne suis pas critiqué,
Mais je ne suis pas moi non plus.

☾ Préambule

Manuella m'a précisé en me racontant son rêve qu'elle s'était endormie en posant une question pour obtenir une réponse en rêve. Elle demandait des éclaircissements sur sa vie professionnelle. Je reviendrai un peu plus tard dans le livre sur la façon dont nous pouvons questionner les rêves (voir page 145).

☾ Le rêve

Manuella est dans un grenier, au dernier étage d'un vieux château délabré. La pièce est tellement lumineuse qu'elle a l'impression qu'il n'y a pas de toit. Le sol semble très vieux, les planches en bois sont prêtes à se décrocher.
Une grande table est dressée avec beaucoup de monde autour. Cette réception est organisée pour fêter son baptême. Elle voit à table une amie d'enfance qui fait la tête. Les sœurs de Manuella lui demandent pourquoi cette amie boude, et elle explique que son amie n'est

→

pas contente, car elle est de passage et n'avait pas de tenue adéquate pour l'occasion. Elle précise que son amie porte pourtant une jolie robe blanche.

☾ Union avec son inspiration

Le rêve se déroule au grenier, nous parlons donc de l'inspiration de Manuella. Cette lumière provenant du toit symbolise sa capacité à être inspirée.
Les personnages à table matérialisent les idées et projets avec lesquels elle pourrait entrer en communion. Cette union de Manuella avec son inspiration est symbolisée par l'évènement en cours : le baptême.

☾ Besoin de se structurer

Le rêve met en lumière ce qui empêche cette union. Le château est vieux et délabré. Cela signifie que Manuella a besoin de se structurer, c'est-à-dire de mieux connaître les facettes de sa personnalité. Mieux se connaître permet d'être plus solide pour envisager des projets plus ambitieux, notamment au niveau professionnel.
Comme nous l'avons déjà vu, le sol représente nos valeurs. Dans le rêve, le sol est vieux avec des parties prêtes à se décrocher. Manuella a sûrement quelques valeurs à remettre en question.

☾ Le symbole des vêtements

Mais que nous révèle cette amie qui boude ? Ce personnage pose plusieurs questions en même temps qu'il apporte des réponses :
– Quelle partie de Manuella est contrariée ?
– Pourquoi cette partie est-elle contrariée ?
La problématique est sa tenue. Les vêtements symbolisent l'image que l'on donne de soi-même au niveau social.
L'amie de Manuella n'a pas de tenue pour l'occasion, et elle porte pourtant une jolie robe blanche. Voilà le paradoxe, et la réponse. Il semblerait que l'image sociale de Manuella se soit construite dans l'enfance, à l'époque où elle connaissait cette amie, et que cette image n'ait pas évolué depuis (je reviendrai sur la datation dans les rêves dans un prochain chapitre, voir page 136).
Manuella a construit une image sans tache (tenue blanche) légèrement féminine (jolie robe). Cette amie n'a pas eu le temps d'avoir une tenue en accord avec le baptême, en accord avec la capacité de Manuella à se servir de son inspiration au niveau professionnel. Elle ne comprend pas le malaise de son amie, elle trouve cette robe jolie. Manuella est attachée à son image sociale « sans tache », mais être inspiré entraîne une certaine différenciation et peut attirer les regards, donc la critique.

→

☾ Le message du rêve

Manuella doit accepter cette image sociale plus singulière, plus colorée.
Le rêve parle bien des nouvelles perspectives professionnelles de Manuella, mais montre aussi que sa structure doit se renforcer pour assumer et exploiter son inspiration au niveau professionnel.
Elle doit consentir que ces changements aient une influence sur son image sociale.

La cuisine : le lieu du don

Les notions de don et de créativité sont d'après moi intimement liées. C'est un mouvement de l'intérieur vers l'extérieur. Dans la cuisine, c'est notre capacité à donner et à créer qui est illustrée. Nous créons des plats en mélangeant des aliments que nous associons de manière unique pour les offrir aux autres. Tous les aliments rencontrés dans les rêves sont la mise en lumière de nos ressources internes. Il faut les associer et les cuisiner de manière à en faire des mets singuliers et nourrissants.

La cuisine parle des ressources intimes que nous avons à offrir, et de notre capacité à les réaménager et à les transmettre.

Quelques exemples

- Si, dans ma cuisine, je fais du pain, je suis capable de toucher un public large, car le pain et le riz sont la nourriture de base de la plupart des populations.
- Si je cuisine en utilisant beaucoup d'ingrédients, j'ai des choses plus complexes à transmettre.
- Si, dans mon rêve, la cuisine brûle, c'est le signe d'une remise en question de ce que j'ai à donner.

CUISINE IKEA

À qui est réservée la création ? Suis-je digne de donner ?

☾ Le rêve

Marie est chez Esther. Elle remarque que la cuisine est de marque Ikea. Il y a écrit Ikea sur chaque aménagement. Elle ouvre tous les placards, et même la porte blindée de l'appartement est de marque Ikea.

☾ Une femme d'exception

J'ai demandé à Marie qui était Esther. Il s'agit de son ancienne chef, une femme de pouvoir, créative et →

« puissante ». Pour Marie, Esther semble une femme exceptionnelle, hors norme. Ce côté inaccessible est symbolisé dans le rêve par la porte blindée.

☾ Désacralisation

Pourquoi la marque Ikea est-elle partout dans la cuisine, même sur la porte blindée ?
La marque Ikea est populaire et accessible. Elle rapproche Marie de son propre pouvoir et de sa capacité de création. Marie a sans doute sacralisé les personnes en capacité de donner des choses personnelles. La marque Ikea montre à Marie que créer lui est accessible.

☾ Le message du rêve

La cuisine est le lieu du don. Ce rêve montre à Marie qu'elle aussi peut nourrir le monde de sa richesse et de sa créativité.

La grappe de raisin

Cuisiner les fruits,
Que nous avons identifiés,
Pour donner aux autres,
Ce que nous avons de précieux.

☾ Le rêve

Isabelle revient du marché avec des sacs remplis de fruits et légumes. Sa cuisine est mal rangée, il y a plusieurs sacs-poubelle blancs bien fermés. Son regard est attiré par une belle grappe de raisin.
Katia lui offre un beau vase violet avec des fleurs.

☾ J'ai identifié ce que j'ai à donner

Le rêve d'Isabelle dans la cuisine la renseigne sur sa capacité à donner. Elle revient du marché avec des fruits et des légumes. Elle a donc identifié ce qu'elle avait à donner aux autres. Elle remarque plus précisément une belle grappe de raisin.
De manière analytique, nous allons comprendre ce que ce raisin symbolise. Le raisin est un fruit juteux et sucré. Ce qu'Isabelle a à donner est donc riche. Le raisin sert à faire du vin. Il y a un lien entre le vin, le sang et l'esprit. Ce lien, qui existe dans la religion chrétienne, est illustré dans le tableau *La Cène* de Léonard

→

de Vinci. Ce qu'Isabelle a à donner est donc de l'ordre de l'esprit.

☾ Encore un peu de préparation

Dans la cuisine, on trouve des sacs-poubelle blancs fermés. Cela signifie qu'elle a déjà effectué un travail d'introspection nécessaire pour se séparer de ce qui pourrait l'encombrer pour donner, le blanc symbolisant la purification.
La cuisine est cependant mal rangée, ce qui signifie qu'elle n'est pas encore prête à donner, elle a sûrement encore besoin de se structurer pour savoir comment transformer ces légumes et ces fruits en des plats singuliers. D'ailleurs, dans son rêve, Isabelle ne cuisine pas encore.

☾ Le vase violet

Dans la cuisine, Katia lui offre un vase violet. Le violet est la couleur du chakra coronal, symbole de la connexion spirituelle. Katia est une écrivaine qui transmet des connaissances spirituelles dans ses livres. Katia symbolise la capacité d'Isabelle à transmettre sa richesse spirituelle. Le don de ce vase matérialise l'union avec cette capacité.

☾ Le message du rêve

Le rêve propose à Isabelle une immersion dans sa capacité à donner. Il vient lui dire précisément où elle en est et ce qu'elle a à donner. Il ne lui reste plus que quelques valeurs à réorganiser pour qu'elle puisse transmettre sa spiritualité.

Les toilettes : le lieu de la digestion de nos expériences

Nous rêvons souvent des toilettes. Je suis obligé d'entrer dans le détail de ce qui s'y passe, car la signification n'est pas la même en fonction de ce qu'on y fait.

L'urine

L'urine est intimement liée au symbole de l'eau. J'associe souvent l'eau à la vie et au féminin. Dans le cas de l'urine, il faut aborder le symbole de l'eau sous l'angle de la purification. Ainsi, les rêves où l'on urine nous indiquent que nous avons quelque chose dont nous devons nous séparer au niveau de nos croyances ou valeurs structurantes.

Quelques exemples

- Si, dans mon rêve, je regarde mon urine, c'est que j'ai besoin de savoir ce qui m'encombre et que je purifie.

- Si j'urine dans le salon, j'ai quelque chose à purifier d'ordre social.

- Si je cherche des toilettes pour uriner, c'est que je n'ai pas encore identifié ce qui m'encombre.

Les excréments

La vie est un cycle, chaque jour nous vivons des expériences que nous digérons, puis nous recommençons le lendemain. Les excréments illustrent la façon dont nous vivons ce cycle, dont nous digérons les expériences de notre quotidien.

Quelques exemples

- Des toilettes bouchées illustrent mes difficultés à recycler ce que je vis.

- Des toilettes sales illustrent que les frustrations de mon quotidien rejaillissent sur ma personnalité.

- Si je n'arrive pas à aller aux toilettes, c'est que j'ai tendance à retenir les expériences plutôt que d'en accepter de nouvelles.

Toilettes insalubres

L'expérience fait grandir,
Mais si la peur du défi nous crispe,
Le repli nous détruira.

☾ Le rêve

Marie est à Dubai, elle visite un appartement avec son cousin. Elle remarque que les toilettes sont sur le palier et qu'elles sont sales, pleines d'excréments.

☾ Vivre à Dubai

J'ai demandé à Marie de me dire deux mots au sujet de Dubai et de son cousin.
Dubai est un endroit où elle envisage d'aller vivre. Quand nous rêvons d'un endroit où nous souhaitons vivre, il symbolise une version plus évoluée de nous-mêmes (nous parlerons des symboles des pays et des villes en page 87).

☾ Freins à l'émancipation

Marie trouve que son cousin a une vraie fibre artistique, qu'il est joyeux et positif. Ce rêve lui montre une version plus évoluée d'elle-même où elle laisse s'exprimer sa fibre artistique et sa joie de vivre.

→

Mais quand notre évolution nous est dévoilée, les éléments bloquants qui nous empêchent de l'atteindre y sont souvent associés. Marie rêve de l'appartement où elle pourrait habiter à Dubai. Cet appartement matérialise en image sa nouvelle structure.
Il n'y a pas de toilettes. Elles sont sur le palier, en commun avec les voisins. Les voisins matérialisent l'autre, c'est-à-dire des valeurs collectives. Ces toilettes sales montrent à Marie que ce qui l'empêche d'évoluer, ce sont des valeurs qui ne lui appartiennent pas. Elle a sans doute grandi dans un contexte valorisant la sécurité et peu propice à une expression artistique.

☾ Le message du rêve

Les toilettes sont insalubres, donc impossibles à utiliser. Pour grandir, il faudrait que Marie accepte des expériences transformatrices et qu'elle les digère. Seulement, avec ces toilettes bouchées, ce cycle est impossible, elle n'est donc pas encore prête pour cette évolution. Ce cheminement pourrait même entraîner des crispations qui rejailliraient sur sa personnalité.

La salle de bains : le lieu de la purification

Quand nous rêvons de la salle de bains, nous voyons en images l'élimination de nos miasmes liés à un travail de transformation. Ce symbole marque souvent le début ou la fin d'un cycle d'introspection. Dans les périodes de changement avec prise de conscience, il n'est pas rare de rêver que nous nous lavons. Ce grand nettoyage permettra d'initier ou de terminer une période d'introspection. La douche, symbole de purification, montre que nous nous séparons de ce qui n'est plus utile pour nous.

Les bains mais aussi les piscines ou toutes les grandes étendues d'eau calme sont plutôt des invitations au cocooning ou à la contemplation. Il s'agit de moments d'apaisement et de reconnexion à ce qui est essentiel.

Quelques exemples

- Si la douche est froide, la transformation s'accompagne d'un renoncement.
- Si la douche est brûlante, c'est que je refuse la transformation.
- S'il n'y a pas d'eau, c'est que je n'ai pas compris ce que je devais changer.

REJET DE LA BANALITÉ

J'attire malgré moi ce que je rejette,
De manière insidieuse, il me collera à la peau.

☾ Préambule

Nous allons décrypter une série de rêves de Myriam, qui lui montrent une problématique ignorée depuis longtemps. L'insistance de ces rêves va l'amener à évoluer.

Cette série se terminera par la libération de l'accès à la salle de bains, puis par une purification avec le symbole de la douche.

☾ Le premier rêve

Myriam est avec ses oncles et tantes en voiture pour aller voir à l'hôpital sa grand-mère italienne.

À son réveil, elle a ressenti une grande tristesse.

☾ La famille italienne

J'ai demandé à Myriam de me dire quelques mots au sujet de sa famille italienne. Elle m'a répondu qu'elle était éloignée de ses origines sans raison particulière, et qu'elle ne ressentait pas particulièrement de manque. Pourtant, son rêve montre le contraire, car sa grand-mère à l'hôpital a déclenché une vive émotion au réveil. De plus, elle est en voiture avec sa famille, ce qui laisse penser que son cheminement aurait besoin d'être relié à ses racines italiennes.

☾ Le deuxième rêve

Myriam est une petite fille entourée de ses frères, et elle assassine sa voisine. Elle tente ensuite de dissimuler le meurtre. À la fin du rêve, les enquêteurs sont sur le point de découvrir l'auteur du crime.

☾ La banalité

J'ai demandé à Myriam de me dire deux mots au sujet de ses frères. Elle m'a répondu qu'elle ne se sentait pas proche d'eux, et qu'ils se voyaient rarement, cela confirme la rupture avec sa fratrie.
Comme nous l'avons déjà vu, les voisins symbolisent l'autre, c'est-à-dire M. et Mme Tout-le-Monde, des valeurs collectives, mais aussi une forme de banalité.
Myriam est en rupture avec ses racines et sa fratrie, mais aussi avec une partie d'elle-même, qu'elle rejette et assassine dans ce rêve. Mais quelle partie assassine-t-elle au travers du meurtre de cette petite fille ?
Ce qu'elle rejette, c'est la banalité et les valeurs collectives symbolisées par la petite voisine. Ce rejet a sans doute pris corps dans sa vie quand elle était petite fille

→

(je reviendrai sur la datation dans les rêves dans un prochain chapitre, voir page 136), comme dans le rêve. Le rejet est donc lointain et bien enfoui.
Par la présence de ses frères dont elle ne se sent pas proche, il est possible d'associer la notion de famille et la banalité. Myriam n'est pas proche de sa famille, car elle la trouve banale.
Le fait que l'enquête semble aboutir à la fin du rêve indique qu'il est temps pour cette névrose d'être révélée et de donner une explication rationnelle à la rupture entre Myriam et sa famille.

☾ Le troisième rêve

Myriam apprend que son ex-petit ami a couché avec une femme qui fait du yoga.

☾ Rejet de la banalité et construction d'une personnalité consensuelle

J'ai demandé à Myriam de me dire deux mots au sujet de son ex, mais comme j'avais ma petite idée, je lui ai directement demandé si elle le trouvait banal. Elle m'a répondu que oui, et que c'était d'ailleurs la raison pour laquelle elle n'était jamais tombée amoureuse et qu'elle avait rompu.
Son ex-petit ami couche dans son rêve avec une femme

qui fait du yoga, et il se trouve que Myriam adore le yoga.
Myriam tente constamment de s'éloigner de la banalité. Je crois que la notion de rupture n'est jamais positive. J'ai remarqué que les choses avec lesquelles nous voulons rompre nous courent après dans un jeu d'attraction-répulsion. Ce rêve montre à Myriam ce petit jeu-là. Cette femme avec laquelle il couche n'est autre qu'elle-même, comme si cette banalité qu'elle rejette lui collait à la peau.
Ce qu'il est intéressant d'observer, c'est que Myriam est très consensuelle dans la vie. Elle rejette donc une forme de banalité pour en épouser une autre.

☾ Le quatrième rêve

Myriam est dans la maison de ses parents, en travaux. Les artisans ont cassé le miroir de la salle de bains ainsi que la poignée de la porte.

☾ Invitation au nettoyage

Quand nous rêvons de la maison de nos parents, nous rêvons de notre structure initiale. Ici, la maison est en travaux, cela montre à Myriam qu'elle est toujours liée à cette structure, mais qu'elle en réajuste certains éléments.

→

Cette restructuration brise la poignée de la porte de la salle de bains, sûrement pour en libérer l'accès et indiquer qu'un grand nettoyage est nécessaire.
Le miroir brisé est une invitation pour Myriam à aller voir ce qu'il y a de l'autre côté de l'image lisse et consensuelle qu'elle renvoie. Ce que l'on trouve de l'autre côté du miroir est souvent notre ennemi intérieur.
L'ennemi de Myriam est son rapport à la banalité qui altère sa vision du monde et son lien familial, mais crée de manière paradoxale une personnalité très consensuelle.

☾ Le cinquième rêve

Après l'interprétation du dernier rêve, Myriam a ressenti le besoin d'aller parler à ses parents et, quelques jours plus tard, elle a rêvé d'une amie qui prenait une douche.

☾ Cheminement vers l'introspection

J'ai demandé à Myriam de me dire deux mots au sujet de cette amie. Elle m'a répondu que c'était une personne dans l'introspection. Nous parlons ici de l'introspection de Myriam qui, par cette série de rêves et leur interprétation, a pris conscience des raisons de son éloignement vis-à-vis de sa famille : son rejet de la banalité.

La douche matérialise que la purification de cette croyance est en cours.

☾ Le message des rêves

Cette série de rêves révèle à Myriam son rapport dual à la banalité. Le second rêve où elle est une petite fille lui indique le moment de sa vie où elle s'est positionnée par rapport à cette notion. Elle pourrait tenter de découvrir si un évènement marquant à cet âge a créé son rejet de la banalité et de sa famille. Il semble en tout cas que cela soit devenu un élément structurant qui influence sa personnalité et son environnement social. Si Myriam souhaite creuser, elle découvrirait peut-être que cela a d'autres conséquences sur ses choix dans différents domaines de sa vie. Il est intéressant de noter à quel point les rêves peuvent être précis, jusqu'à dénoncer un rapport à la banalité défaillant.

LES PAYS ET LES VILLES

Les rêves peuvent se situer dans des pays ou des villes que nous connaissons ou pas. Il s'agit d'interroger le lieu avec la même méthode que pour les personnages. Il suffit de demander au rêveur de nous dire quelques mots des lieux où se déroulent le rêve. Même si nous rêvons de lieux que nous ne connaissons pas du tout, pour autant ils évoquent toujours quelque chose, car nous nous construisons toujours une image, même avec des lieux méconnus.

Nous parlerons ici des pays et des villes qui ne sont pas directement en rapport avec notre histoire personnelle, car c'est un sujet que nous traiterons dans le chapitre « La datation » (voir page 133). En effet, si je rêve d'un appartement dans lequel j'ai vécu il y a plusieurs années, ce ne sera pas le symbole du lieu qu'il faudra interpréter, mais plutôt la référence à cette époque de ma vie. Cela permet de dater une construction ou un traumatisme.

Il existe un cas particulier, celui où nous rêvons de pays dans lesquels nous souhaiterions vivre. Ces lieux symbolisent notre évolution, nous-mêmes, mais dans une version plus évoluée, parfois idéalisée.

Quelques exemples

- Si je rêve de Shanghai, et que pour moi c'est une ville dynamique, je rêve de mon propre dynamisme.
- Si je rêve du Poitou-Charentes, et que cela m'évoque les vacances, c'est que j'ai quelque chose à apaiser dans ma vie.
- Si je rêve de Cuba, et que cela m'évoque la révolution, il y a une remise en question de mon système profond.

Pas besoin d'aller chercher si loin

Parfois, nous cherchons les réponses loin de nous,
Alors qu'il suffit de regarder à nos pieds.

☾ Le rêve

Tania rencontre en Inde des Alsaciens originaires d'une petite ville proche de chez elle.

☾ La réponse est dans ses racines

J'ai demandé à Tania de me dire deux mots au sujet de l'Inde. Elle m'a répondu que c'est un pays qu'elle ne connaît pas, qu'elle n'y est jamais allée, mais que cela lui évoque la spiritualité. Dans son rêve, elle y rencontre des inconnus qui habitent près de chez elle. Ces inconnus font référence à ses racines.

Tania est dans une démarche d'introspection spirituelle. Son rêve lui dit qu'elle n'a pas besoin d'aller chercher une spiritualité lointaine. L'introspection est une découverte de nous-mêmes, Tania doit commencer par mieux comprendre ses racines.

Une ville d'ambiguïté

Pour comprendre qui nous sommes,
Il faut parfois regarder ce que nous ne sommes pas.

☾ Préambule

Quand Johanna a fait ce rêve, elle était en pleine retraite spirituelle, isolée au milieu de la France.

☾ Le rêve

Johanna fait une grande marche en zone aride. Elle s'arrête quand elle se rend compte qu'elle n'a pas de chaussures.
Elle est ensuite dans la cuisine d'un bâtiment à Bagnolet. Elle n'y trouve pas sa place et y observe deux amies en train de cuisiner. Elle quitte rapidement la cuisine pour traîner dans la ville.

☾ Pas de chaussures : fin d'un chemin

Cette marche dans le désert symbolise la retraite spirituelle que vit Johanna au moment du rêve. Elle se rend compte qu'elle n'a pas de chaussures et s'arrête. Il est peut-être temps pour elle d'interrompre sa quête initiatique. Les chaussures sont le symbole de l'ancrage, c'est-à-dire de la façon dont nous sommes reliés à nos racines. Cette retraite spirituelle ne renforce pas l'ancrage de Johanna.

☾ Je n'aimerais pas y vivre

J'ai ensuite demandé à Johanna ce que représentait Bagnolet pour elle. Elle m'a répondu qu'elle n'y était jamais allée. Je lui ai demandé de me décrire l'image qu'elle s'en faisait. Elle en a une vision mitigée et m'a précisé que ce n'est pas une ville où elle aimerait vivre. Par le symbole de cette ville, le rêve va montrer à Johanna ce qui n'est pas fait pour elle.

☾ Je ne cuisine pas

La cuisine symbolise notre capacité à donner et à créer. Dans la cuisine, ce n'est pas Johanna qui officie, mais deux amies. Je lui ai demandé de me dire deux mots à leur sujet. Elle m'a répondu que ce sont deux amies qui sont en retraite spirituelle avec elle.
La spiritualité de Johanna semble aux manettes de sa création symbolisée par ses deux amies qui cuisinent. En ne trouvant pas sa place dans la cuisine et en la quittant rapidement, le rêve lui montre qu'elle n'arrive pas à accorder sa spiritualité avec sa créativité.
Johanna ne semble pas à sa place ni à Bagnolet, ni dans cette cuisine. Elle ne sait pas encore où est sa place ni dans la vie, ni dans sa capacité à donner.

→

☾ Le message du rêve

Il semblerait que cela soit le bon moment pour Johanna de sortir de sa retraite spirituelle, de revivre des expériences afin de découvrir sa place, puis de transmettre à partir de ses capacités qui ne semblent pas directement en lien avec sa spiritualité.

Chapitre 3
LES ANIMAUX

Comme nous l'avons vu, dans les rêves, tout est une émanation inconsciente de nous-mêmes. C'est encore plus vrai pour les animaux. Ils sont généralement des symboles forts qui illustrent chacun un message particulier. Ils mettent en lumière des caractéristiques personnelles qui demandent à prendre une plus grande place dans notre personnalité, ils sont les symboles de qualités encore inconscientes qui demandent à être révélées puis maîtrisées. Il s'agit de s'approprier les attributs des animaux qui nous visitent dans les rêves.

Même si les animaux dans les rêves sont très marquants, j'ai constaté, dans ma pratique quotidienne de décryptage, qu'ils ne sont pas très fréquents. Nous allons étudier les animaux les plus communs, mais également des créatures étranges que j'ai appelées « hybrides », qui sont le mélange de plusieurs animaux. Là encore, nous utiliserons la méthode analytique pour découvrir quels messages ils nous transmettent.

LES ANIMAUX « COMMUNS »

Le chat : ma connexion à d'autres mondes

Le chat est l'animal de la connexion à d'autres mondes, à l'inspiration et à la créativité. Il est le symbole de la capacité à voir de l'autre côté du miroir, à connecter à ce qui n'est pas visible.

Quelques exemples

- Si je rêve que je nourris un chat, c'est que je nourris mon inspiration et ma créativité dans la vie.
- Si je rêve d'un chat tout maigre, c'est que j'aurais besoin de nourrir cette capacité à connecter de l'autre côté du miroir. Elle existe, mais il faut que je m'en occupe.
- Si je rêve qu'un chat me mord, c'est mon inspiration qui m'appelle !

Trois chats

Les rêves mettent en image l'immatériel,
Si, le jour, je ne peux pas observer mes croyances,
Je le peux la nuit.

☾ Le rêve

Sophia est dans son lit et touche des objets flottants qu'elle n'identifie pas. Elle caresse ensuite des chats alors que les objets ont disparu.
Elle voit ensuite trois ou quatre chats, dont un qu'elle connaît : son gros chat Kamy. Elle remarque que les autres chats sont plus petits que son gros matou. Les chats se positionnent sur le ventre de Sophia et vont ensuite sur sa main gauche, puis droite. Elle a peur quand les chats commencent à la mordiller. À la fin du rêve, ils se mettent à jouer.

☾ Je regarde mon inspiration

Je commence toujours par interpréter le lieu. Ici, Sophia est dans sa chambre, sur son lit, donc au plus près de son intimité. Au début du rêve, nous voyons son inspiration prendre forme, d'abord dans ces objets inconnus, puis par translation dans les chats. Ce qu'il est intéressant d'observer ici, c'est le cheminement de l'inspiration, qui n'est pas observable dans la vie réelle. Dans les rêves, tout est possible, et ici nous voyons

→

comment l'inspiration de Sophia prend corps dans sa vie.

Les objets symbolisaient l'inspiration, les chats matérialisent la capacité de Sophia à y connecter, à chercher au-delà d'elle-même des idées. Par cette translation, le rêve révèle un pont entre la capacité de Sophia à recevoir symbolisée par les chats et l'inspiration de l'autre côté du miroir.

☾ Le gros matou et les petits chats

Sophia connaît un des chats. Elle a identifié un de ses potentiels qu'elle exprime déjà dans sa vie. Les chats qu'elle ne connaît pas sont des potentiels qui demandent à s'exprimer. Sophia est une femme créative, le rêve lui indique que d'autres talents demandent à s'exprimer. Leur petite taille illustre que ces potentiels sont naissants.

☾ Gestation puis action

Les chats viennent se positionner sur son ventre et vont ensuite sur sa main gauche, puis la droite. Le ventre est le lieu de la gestation. Sophia doit d'abord s'approprier ses potentiels pour les mettre au monde.

Les mains symbolisent notre capacité à mettre en œuvre. Ses potentiels devront être pris en main pour devenir concrets.

☾ Oui, mais j'ai peur

Sophia précise ensuite qu'elle a peur, car les chats commencent à la mordiller. Ils demandent à exister. Nous sommes dans sa chambre, cela veut dire que ses potentiels sont liés à sa capacité à être inspirée en livrant des parties intimes d'elle-même. En effet, transmettre son inspiration veut dire s'exposer. Quand nous sommes inspirés, nous révélons forcément un peu de nous. L'inspiration ne peut pas être totalement extérieure, elle passe par le filtre de notre perception intime. C'est pour cela que le rêve se déroule dans la chambre. Il est donc normal qu'elle ait peur, car l'exposition entraîne inéluctablement la contradiction, voire la critique.

Dans la suite du rêve, les chats se mettent à jouer. Sophia devrait prendre du plaisir à exprimer ses nouvelles potentialités et ainsi dépasser sa peur.

☾ Le message du rêve

Il est intéressant d'observer ici comment des notions immatérielles peuvent prendre corps dans les rêves. Sophia a pu observer le cheminement de son inspiration de l'extérieur d'elle-même jusqu'à son appropriation et son expression.

L'ours : une puissance naturelle à canaliser

L'ours matérialise une puissance sauvage, naturelle et inconsciente qui veut prendre place chez le rêveur. Toute la difficulté avec cette réserve d'énergie est de l'associer à une vie « conventionnelle ». À quoi cette énergie va-t-elle être dévolue ? Sera-t-elle une force déstabilisante ? L'ours nous montre une source d'énergie infinie qui demande à être mise au service de nos projets.

Quelques exemples

- Si je suis assis à côté d'un ours calme, c'est que j'ai réussi à canaliser cette énergie.
- Si j'ai peur de l'ours, c'est que je crains cette énergie.
- Si l'ours se cache, c'est que je ne sais pas encore comment utiliser cette énergie dans ma vie.

Énergie bloquée à l'adolescence

Par la crainte d'être différent,
Nous réprimons notre richesse,
Et l'énergie naturelle qui permettrait de l'exprimer,
Sabotant le pouvoir sur notre vie.

☾ Le rêve

Sacha est chez lui et y observe un ours adulte ou adolescent. Il s'agit d'un ours brun incontrôlable et très puissant, mais pas mauvais. L'ours est très agité et court partout dans la maison. Sacha sait dans son rêve qu'il doit arriver à le canaliser.

☾ Le jugement de la société

Sacha est conscient dans son rêve qu'il doit canaliser cet ours, donc canaliser cette grande énergie pour la mettre à son service. Il nous indique que cet ours est adulte ou adolescent. Cette précision vient dater le moment où cette source d'énergie à laquelle il ne connecte plus a été réprimée : à l'adolescence. Peut-être qu'à son adolescence, Sacha était un peu trop turbulent et qu'on lui a demandé de réprimer cette énergie naturelle, qu'il ne s'est pas réappropriée à l'âge adulte. Ce potentiel a été renvoyé à son inconscient, car jugé négativement socialement.

→

Dans le rêve, Sacha est chez lui, cela confirme que cette énergie lui appartient, elle fait partie de ses caractéristiques. Se priver de cette énergie, c'est se priver d'un bout de lui-même et d'un formidable potentiel.

☾ Le message du rêve

Le rêve est une invitation à ne plus juger négativement cette énergie, mais à apprendre à la canaliser. Il lui montre que c'est un atout indispensable à la réalisation de ses potentiels.

L'aigle : force et liberté

L'aigle est le symbole de liberté par excellence. Il est, comme le lion, le roi des animaux, l'un règne dans le ciel, l'autre sur la terre. Par ses vols en haute altitude et sa vue perçante, il domine les airs sans aucune contrainte ni limite. Il n'est menacé par aucun autre animal. Il est donc le symbole de l'expression des pleins potentiels d'un individu et de sa liberté sans contrainte.

Quelques exemples

- Si je caresse un aigle, c'est que j'apprends à apprivoiser ma liberté.

- Si un aigle se cache, c'est que je ne suis pas encore prêt à vivre en dehors des normes.

- Si je mets un aigle en cage, c'est que je renonce à ma liberté.

Liberté et amour

Pourquoi le couple ?
Image sociale, sécurité ?
Est-ce compatible avec la liberté ?

☾ Préambule

Je vais interpréter le premier rêve complet de ce livre. Il suit une structure classique de récit avec une introduction, un déroulement et un dénouement.
Ce rêve parle de la vie sentimentale de Sophia avec les notions de sécurité, d'amusement et de réconfort, mais aussi de liberté. Il décortique sa vision du couple de manière très précise avec beaucoup d'informations pour qu'elle se comprenne mieux dans le domaine amoureux. Ce rêve est construit avec une introduction qui annonce la problématique, puis nous décrypterons scène par scène l'évolution du récit jusqu'à la conclusion, où nous trouverons le symbole de l'aigle.

→

☾ Le rêve

Sophia est en Afrique et elle observe un homme à travers une télé, comme si elle regardait un reportage. Cet homme a une allure sportive avec des chaussures de randonnée. Elle sait qu'il a quelque chose à régler au niveau de sa vie affective. Elle ne sait pas si cet homme est en couple avec elle.
Sophia voit ensuite plusieurs couples qui s'amusent et descendent une rivière. Cela ressemble à une sorte de parc d'attractions. Elle observe cet évènement comme si elle regardait une vidéo, mais elle est également dans l'action. Ces couples semblent très libres et s'amusent beaucoup.
Elle a ensuite envie de faire pipi. Elle cherche des toilettes en hauteur pour pouvoir s'observer en train d'uriner. Elle découvre qu'il y a des chambres d'hôtel et qu'elle peut y trouver des toilettes. Elle décide de se soulager dans une baignoire.
Sophia se rend compte qu'il y a quelqu'un dans la chambre. Il s'agit de son ami Thierry, qui est au téléphone avec sa femme.
Elle fait ensuite le tour de sa chambre et voit un aigle qui fonce vers elle. L'aigle est arrêté par une vitre. Sophia a le sentiment d'être choisie par cet aigle. Elle doit alors le nourrir, mais elle ne sait pas comment faire. Elle cherche des croquettes pour chat. Elle demande alors à Thierry de l'aider à aller chercher de la nourriture.

☾ L'introduction du rêve : l'intrigue

Le rêve de Sophia commence en Afrique. Je lui ai demandé de me dire spontanément deux mots pour qualifier l'Afrique. Elle m'a répondu : « chaos et renouveau ».

Le premier personnage porte des chaussures de randonnée, ce qui n'est pas un symbole courant dans les rêves. Il faut l'interpréter de manière analytique. Quand on fait de la randonnée, c'est pour découvrir de nouveaux paysages. Par l'intermédiaire de ce personnage, de l'Afrique et des chaussures de randonnée, le rêve propose à Sophia un voyage du chaos vers un renouveau en découvrant de nouvelles perspectives. À ce stade, nous ne connaissons pas encore dans quel domaine ce renouveau aura lieu.

Au début du rêve, Sophia n'est pas complètement partie prenante de cette aventure, car elle l'observe au travers d'une télévision, spectatrice de ces nouvelles perspectives. Ce premier personnage masculin est ambigu, il est en couple avec elle sans vraiment l'être. Cela indique le sujet de ce récit : le rapport au couple de Sophia.

Ce rêve lui propose un voyage dans son rapport amoureux, pour lui suggérer un renouveau qui prendra bientôt corps dans sa vie.

Toute la suite du rêve est à interpréter par rapport à la problématique initiale posée en introduction, puisqu'elle y répond. Il est essentiel sur des récits

→

oniriques complets de bien comprendre l'introduction pour interpréter correctement le rêve en entier. Un mauvais décryptage du début entraînera une interprétation difficile, voire erronée. Quand le début est bien compris, chaque élément de la suite du récit prend parfaitement sa place jusqu'au dénouement.

☾ Translation

Nous assistons ensuite à une translation de ce personnage vers les couples dans le parc d'attractions. Il y a souvent des translations dans les rêves. Ce sont des motifs, des personnages ou des lieux qui se transforment, qui évoluent, mais dont l'essence reste la même. Dans ce rêve, ce premier personnage masculin se transforme en couple, puis prendra la forme de Thierry à la fin du rêve. Avec la translation de ce personnage, ce sont les différentes facettes de Sophia dans son rapport au couple qui lui sont dévoilées.

Ces couples sont sur l'eau, symbole de la vie et du féminin. Ils semblent très vivants et bien s'amuser. Ce qui est étonnant, c'est que Sophia n'est pas avec eux. Elle reste spectatrice, comme si elle regardait un documentaire. Cela lui montre que, pour le moment, elle n'est pas prête à profiter de cette légèreté et de cette liberté en couple qui apparaît comme un outil de plaisir. La suite du rêve nous explique pourquoi elle n'arrive pas à vivre cette légèreté.

☾ Prémices du changement

Sophia a envie d'uriner. Le fait d'aller aux toilettes est un symbole de purification. Elle a quelque chose à lâcher, à transformer. Ce qui est intéressant, c'est qu'elle veut voir son urine. Cela signifie qu'elle a besoin de prendre conscience de ce dont elle se sépare.
À partir de ce moment, elle n'a plus l'impression de regarder une vidéo. Elle devient partie prenante de son rêve, comme pour lui signaler qu'il est temps d'opérer ce changement.

☾ Vision du couple

La suite du rêve se déroule dans un hôtel. L'hôtel est souvent l'étape d'un voyage. Cela vient matérialiser que cette transformation est une étape dans la réparation de son rapport au couple. Nous sommes dans une chambre, il s'agit donc de son rapport intime au couple.
Dans cette chambre se trouve Thierry. Sophia me dit que c'est quelqu'un de très « plan-plan » en couple. Il symbolise le côté « plan-plan » en couple de Sophia. Nous sommes bien loin du premier personnage en chaussures de randonnée et des couples qui semblaient très joyeux et vivants.
Thierry illustre le décalage entre le côté vivant du début du rêve et la réalité de Sophia.

→

Ce personnage apparaît pendant qu'elle urine. Cela lui indique ce qu'elle doit purifier. Elle doit se séparer de son côté « plan-plan » en conscience.

☾ Nourrir ma liberté

La suite va nous montrer pourquoi Sophia recherche ce côté « plan-plan » et ce qu'elle demande vraiment à son compagnon. L'aigle est d'une certaine façon le roi des animaux. C'est le roi des oiseaux, il est à la fois un symbole de liberté et de force. Il n'a pas de prédateur, il peut aller partout et à haute altitude presque sans limites, mais dans le rêve cet aigle est bloqué par une vitre. Sophia n'est pas encore prête à s'approprier cette liberté.
Elle ne sait pas comment nourrir son aigle, et donc nourrir sa propre liberté. Elle recherche des croquettes pour chat. Le chat est l'animal de la connexion et de l'inspiration. Cela montre à Sophia qu'elle sait dans la vie nourrir son inspiration et sa créativité, mais pas sa liberté affective.

☾ Le message du rêve : manque d'autonomie affective

Sophia est désarçonnée face à cette nouveauté, elle demande alors à Thierry de venir l'aider. Cela lui montre ce qu'elle attend véritablement du couple.

Dans une situation où elle est en difficulté et ne sait pas comment faire, elle se retourne naturellement vers son compagnon pour lui demander de l'aide. Le rêve lui montre qu'elle recherche la sécurité en couple, mais pas la liberté et l'amusement, comme les personnages qu'elle observe avec la télé au début. L'aigle aurait besoin d'être nourri par l'autonomie de Sophia.

Avec ce premier rêve complet décrypté, vous pouvez voir à quel point les rêves sont précis et nous racontent une histoire riche dont nous sommes le héros avec une structure classique du récit : une introduction qui pose la problématique, le déroulement de l'intrigue, et le dénouement.

LES ANIMAUX HYBRIDES

La matière des rêves est à ce point étrange qu'ils peuvent nous montrer des objets, formes ou personnages qui n'existent pas dans la réalité. Pourtant, ces objets oniriques sont d'une précision parfaite pour nous décrire des parties de nous-mêmes. Je pense que ces objets ne sont pas du tout un délire de notre esprit, mais qu'ils sont bien porteurs d'un message.

J'ai eu plusieurs fois l'occasion de croiser dans des récits oniriques des animaux hybrides, c'est-à-dire des animaux qui sont la fusion de plusieurs. Chaque fois, il faut décrypter ces êtres étranges de manière analytique.

Ver à soie et luciole fusionnés

Pouvons-nous être vrais ?
Y a-t-il un accord possible entre notre être profond et notre image sociale ?

☾ Le rêve

Aurélia croise un ver à soie fusionné avec une luciole.

☾ Langue des oiseaux

Ne connaissant ni la symbolique du ver à soie ni celle de la luciole, c'est de manière analytique que j'ai cherché le sens de ce drôle d'animal. Cela peut paraître surprenant, mais j'utilise parfois la langue des oiseaux. Cela consiste simplement à écouter ce que les mots nous disent. Ainsi, quand j'entends un « ver à soie », j'entends « vers soi », mais j'entends aussi « verre et soi ». Cela amène une notion de transparence de soi.

☾ Vêtement de soie et lumière intérieure

Le ver à soie produit de la soie, un constituant noble des vêtements. Les vêtements sont symboliquement l'expression de notre intérieur qui est visible socialement à l'extérieur. Avec la luciole qui crée naturellement de la lumière depuis son intérieur, nous avons tous les éléments pour décrypter ce symbole.

☾ Le message du rêve

Cet animal hybride montre à Aurélia un alignement de sa lumière intérieure qui passe par la transparence (sans retenue, sans tricher) à l'extérieur pour créer son image sociale.

Chat et mulot fusionnés

Peut-on héberger en nous des énergies contraires ?

☾ Le rêve

Sophia se trouve dans une cour avec un animal étrange, moitié chat, moitié mulot, une sorte de monstre agressif qui lui fait peur. Il se dirige vers elle et lui mord la main. Elle me précise que cet endroit ressemble à une cour kabyle, et que ce sont des lieux de partage pour les habitations qui l'entourent. Sophia est elle-même kabyle.

→

☾ Inspiration ou repli

Que vient nous dire cet animal ? Le chat est un symbole d'inspiration, mais le mulot ou la souris sont des symboles de repli sur soi, d'un besoin de protection. L'inspiration et la créativité font mauvais ménage avec la recherche de sécurité, ce qui rend cet animal agressif. Il mord Sophia pour l'obliger à choisir.

☾ Le message du rêve

L'inspiration et la créativité entraînent forcément une exposition sociale. Pour que Sophia soit au plus proche d'elle-même et dans l'échange (symbolisé par cette cour kabyle), elle ne peut plus faire cohabiter créativité et repli sur soi.

Chapitre 4
LES DÉPLACEMENTS : OÙ J'EN SUIS SUR MON CHEMIN

Dans les rêves que nous venons d'étudier, le rêveur n'effectuait pas de déplacements remarquables. L'action se déroulait dans des lieux fixes.

La méthode pour interpréter les déplacements diffère de celle exposée jusqu'ici, le questionnement n'est pas le même. Il est important de s'interroger sur le point de départ et sur le point d'arrivée. Il faut s'attarder sur le mode de déplacement, par exemple, à pied, dans un véhicule ou en transports en commun. Il faut aussi étudier la trajectoire, qui peut être horizontale, verticale ou statique malgré l'envie d'avancer.

Les déplacements parlent de notre cheminement. Mais dans quel domaine ? Ce peut être notre chemin général, professionnel, amoureux ou social. Des indices dans le rêve pourront nous indiquer le thème abordé.

Il est à noter que, dans les rêves longs, nous trouverons souvent une alternance entre les lieux fixes et les déplacements.

JE N'AVANCE PAS

Il peut sembler étrange de commencer ce chapitre en parlant d'immobilité, mais parfois, dans les rêves, nous sommes sur un chemin, mais dans l'impossibilité de nous mouvoir. Ce type de rêves dénonce notre difficulté à avancer dans la vie. Les raisons de ces arrêts sont multiples et variées. Il peut s'agir de la peur d'avancer vers l'inconnu, d'un besoin d'introspection, d'une pause nécessaire avant de prendre une nouvelle direction ou de l'indication que nous faisons fausse route… Les raisons de ces arrêts sont généralement exposées dans le rêve.

J'ai les jambes sciées

L'enjeu peut nous écraser,
Si le défi est existentiel,
Et mon ego peu affûté,
Je fais du surplace.

☾ Préambule

Nous allons étudier le rêve de Maxime, qui se déroule dans un couloir. Les couloirs sont des lieux de transition, il est en effet rare d'y avoir une activité autre que le passage. Ils nous parlent d'une transformation que nous vivons dans notre vie.
Il est intéressant de savoir quelles sont les pièces que le couloir relie pour découvrir vers quoi nous transitons.

☾ Le rêve

Maxime est chez lui, dans le couloir. Il n'arrive pas à avancer alors qu'il y met beaucoup d'énergie.

☾ Investigation

C'est la seule information que Maxime m'a donnée, car c'était celle qui le marquait. Mais pour interpréter un rêve, il faut un maximum de renseignements,

→

il est donc nécessaire d'investiguer. Je lui ai demandé s'il savait ce qu'il y avait de chaque côté du couloir, et s'il était seul. Il m'a répondu que le couloir menait à la cuisine, et que dans l'appartement se trouvait sa bande d'amis de jeunesse. Je lui ai demandé de me dire deux mots à propos de ces amis. Il m'a répondu qu'ils avaient tous réussi dans la vie. C'est donc le succès de Maxime qui est symbolisé au travers de ses amis.
La cuisine symbolise notre capacité à donner quelque chose de personnel au monde. Dans ce couloir, Maxime est donc en chemin vers sa créativité et son succès.

☾ Le message du rêve

Le fait que Maxime mette beaucoup d'énergie pour se déplacer matérialise sa forte volonté, mais ses jambes l'empêchent d'avancer. Quand nous avons les jambes sciées, c'est par fatigue ou par peur. Il semble que Maxime, qui dans la vie ne manque pas d'énergie, redoute d'exprimer des choses personnelles et d'avancer vers son propre succès.

Il se trouve que, dans la réalité, Maxime sera bientôt gérant d'un commerce. Cela multipliera ses capacités d'expression et ses responsabilités. Même s'il en a très envie, il semble redouter cette nouvelle fonction.

Besoin de reconnexion

Parfois, il faut se replier sur soi,
Pour réfléchir et grandir,
Avant de repartir.

☾ Le rêve

Éléonore voit sa voiture sombrer dans l'eau depuis un ponton. Elle l'observe sous l'eau, puis la voit remonter, sortir de l'eau et sécher.

☾ Remettre du sens

Une voiture est normalement faite pour rouler sur une route. L'eau est un symbole du féminin, de la vie, mais aussi de purification. Plonger dans l'eau veut dire plonger dans l'inconscient pour aller voir ce qui n'est normalement pas visible. Éléonore a besoin d'une pause pour aller chercher des ressources, explorer sa beauté et faire certains réajustements avant de reprendre la route.

☾ Le message du rêve

Ce rêve signifie qu'Éléonore est arrêtée sur son chemin pour reconnecter à la profondeur de sa vie, sûrement

→

pour retrouver du sens. Cette période devrait être assez courte, car la voiture remonte rapidement et sèche pour reprendre la route.

LA TRAJECTOIRE

Quand nous rêvons que nous sommes en déplacement, il est indispensable d'étudier notre trajectoire, non seulement pour connaître le point de départ et le point d'arrivée qui sont riches de sens, mais aussi pour analyser la trajectoire elle-même. Est-elle horizontale, verticale ? Suis-je dans une montée, dans une descente, dans un mouvement circulaire ? Le message n'est pas du tout le même, par exemple, si je suis dans un ascenseur ou en ligne droite en voiture.

Les mouvements horizontaux

Nous pouvons avoir des trajets rectilignes ou avoir le sentiment de tourner en rond. Il s'agit de prendre l'information au premier degré et de voir comment cela s'applique à notre vie. Si, dans mon rêve, je tourne en rond avec ma voiture, dans ma vie j'ai sûrement le sentiment d'être en boucle.

Je tourne en rond dans un système archaïque

Protection ou évolution ?

☾ Le rêve

Safia est au sommet d'un château fort. Elle est au volant d'une voiture qui tourne en rond en suivant un chemin circulaire le long des remparts.

☾ Structure défensive

Commençons par analyser le lieu. Un château fort nous renvoie à une période médiévale et à une structure de défense face à une possible invasion.
Safia semble avoir une structure de défense pour ne pas laisser pénétrer n'importe qui dans son univers. Mais son cheminement est bloqué. Cette structure défensive archaïque la fait tourner en rond et l'isole.
Elle tourne en rond dans son univers et entrave un cheminement qui devrait être linéaire.

Mon chemin professionnel

Si je vais trop vite, n'est-ce pas une fuite en avant ?

☾ Le rêve

Jean est au volant d'une voiture qui roule à vive allure sur des chemins sinueux et escarpés. Il a le sentiment de perdre le contrôle. Il est accompagné à sa droite d'un collègue de bureau.

☾ Ça va trop vite

La présence du collègue à côté de Jean dans la voiture nous indique que c'est son cheminement professionnel qui est visible dans le rêve. Avec ce sentiment de perte de contrôle liée à la grande vitesse, le rêve lui montre qu'il a le sentiment de perdre le contrôle de sa vie professionnelle (il me l'a d'ailleurs confirmé). Avec l'arrivée d'un nouveau patron, sa charge de travail a augmenté, il est débordé et très stressé de ne pas rendre ses dossiers à temps. Chaque virage dangereux représente un dossier qu'il craint de ne pas traiter à temps.

Les mouvements verticaux

Si je suis sur une voie qui monte, je prends de la hauteur sur ma vie, si je descends, c'est pour découvrir des problématiques à régler.

Il peut s'agir de n'importe quelle route qui monte, ou qui descend, d'une montagne à escalader, d'un ascenseur, d'un escalier, ou simplement d'un changement d'étage dans un bâtiment.

Les mouvements verticaux sont surtout présents chez les personnes qui font un travail d'introspection. Travailler sur soi, c'est prendre de la hauteur sur certains évènements de notre histoire ou descendre en nous pour dénouer des crispations.

Escalier en colimaçon

L'introspection ne doit pas remplacer la vie.

☾ Le rêve

Amandine fait un rêve récurrent : elle monte et descend l'escalier en colimaçon de l'immeuble où elle vivait quand elle était adolescente. Elle y est bloquée et retourne toujours aux mêmes étages, avec un sentiment d'angoisse et d'enfermement.

→

☾ Trop d'introspection

Ces rêves récurrents d'Amandine montrent qu'elle fait un travail d'introspection en revisitant son histoire personnelle, notamment la période de l'adolescence. Mais ils soulignent que ce travail prend une trop grande importance dans sa vie et l'empêche d'aller vers plus « d'horizontalité ». Amandine recherche peut-être un peu trop dans le passé les solutions à ses problèmes, plutôt que de se servir de ses expériences pour grandir.

Ascenseur bloqué

Maîtrise de soi et évolution

☾ Le rêve

Serge se trouve dans un bel ascenseur en laiton doré. Il est conscient qu'il ne doit pas se mettre en colère ou créer une bagarre. À peine se met-il en colère que l'ascenseur arrête son ascension.

☾ Apprendre à se maîtriser

Serge a entrepris une démarche spirituelle depuis longtemps. Le rêve lui indique qu'il est dans un moment d'élévation et lui demande de maîtriser sa colère. J'ai demandé à Serge s'il était colérique. Il m'a répondu que non, sauf sur des sujets politiques, mais il travaille dessus. Le rêve semble lui dire qu'il doit être plus vigilant et dans la maîtrise de lui-même sur ces sujets pour poursuivre l'élévation.

LA POSITION

Quand nous sommes dans un véhicule, la voiture par exemple, il est important d'observer la place que nous y occupons. Suis-je le conducteur ou le passager ? Si je ne conduis pas, il faut s'interroger au sujet de celui qui le fait. Cela permet de savoir quelle est la partie de nous qui pilote notre vie.

DIRIGÉ PAR LE SUCCÈS

Quelle facette de moi dirige ma vie ?

☾ Le rêve

Sébastien est du côté passager dans une belle voiture de sport rouge. Un ami tient le volant et roule

→

dangereusement. Face à un barrage de police, son ami force le passage et fonce dans un mur.

☾ Je refuse d'écouter

J'ai demandé à Sébastien de me dire deux mots au sujet de son ami. Il m'a répondu qu'il avait bien réussi dans la vie. Le rêve lui montre que sa vie est pilotée par sa quête de succès social.
La police ou l'armée symbolisent nos systèmes de résistance et de protection. Ce barrage routier forcé indique à Sébastien qu'il y a déjà eu des alertes lui signalant qu'il faisait fausse route. En forçant le passage, il montre qu'il est toujours guidé par sa recherche de succès et que cela risque de le mener dans le mur.

LES TRANSPORTS EN COMMUN

Quand nous prenons les transports en commun, un bus ou un train par exemple, nous n'avons pas la maîtrise du véhicule. Ces rêves nous montrent comment nous sommes influencés par une trajectoire collective liée à notre environnement.

Le bus qui rend fou

De quelle manière notre contexte nous influence-t-il ?

☾ Le rêve

Katia est avec une vieille dame à un arrêt de bus. Elles montent ensemble dans le bus. Katia se retrouve ensuite dans un asile psychiatrique où elle revoit la vieille femme qui est devenue folle.

☾ Santé psychique

Katia a fait ce rêve en plein isolement dû à la pandémie de la Covid. Les personnes âgées dans les rêves représentent nos valeurs archaïques, celles dont nous devons nous séparer. Ce bus nous parle de la trajectoire collective qui influence Katia. Dans un bus, nous ne sommes pas le pilote, nous ne maîtrisons pas notre destin. Une association est à faire entre la dame âgée et le bus. Katia prend ce bus parce qu'elle adhère à certaines valeurs normatives archaïques collectives. Des valeurs de la société qui ne lui appartiennent pas.
En l'emmenant dans l'asile psychiatrique, le message est clair : si Katia veut conserver sa santé psychique et physique, il faut qu'elle se détache du contexte et des valeurs archaïques normatives qui y sont associées.

Train à grande vitesse

Dans un contexte que je ne maîtrise pas,
Suis-je prêt à relever de nouveaux défis ?

☾ Le rêve

Margaux est dans un train à grande vitesse, elle y déjeune avec des collègues de travail. Soudainement, le train change de direction et passe sous un tunnel sombre.

☾ Trajectoire professionnelle

Ce train à grande vitesse parle de la trajectoire professionnelle de Margaux, car elle y est accompagnée de ses collègues de travail. Elle est en train de déjeuner, cela veut dire qu'elle se sent nourrie par son travail.
Le symbole du train lui indique qu'elle n'est pas aux commandes de sa vie professionnelle. Le train à grande vitesse montre qu'elle a le sentiment d'avancer rapidement dans sa carrière, soit par l'intérêt des projets qui lui sont proposés, soit par les possibilités de progression hiérarchique.
Le changement brutal de trajectoire vers ce tunnel sombre indique une remise en question de ses perspectives, un manque de visibilité ainsi que la nécessité d'un retour à soi pour vivre ce nouveau défi.

Margaux m'a confirmé qu'à la suite d'un audit interne dans son service, il y a eu une réorganisation. Sa cheffe, avec qui elle travaillait en synergie, a changé de département.

LES VOYAGES SUR LA MER ET DANS LE CIEL

Quand nous prenons un bateau ou un avion, c'est pour parcourir de grandes distances, pour rejoindre un pays étranger par exemple. Ces voyages symbolisent dans nos rêves un changement de paradigme personnel. Ils nous montrent la possibilité de grandes évolutions. Les voyages en bateau ou en avion sont reliés à l'élément eau ou air.

Les voyages en bateau

Les voyages sur l'eau symbolisent notre cheminement dans la vie, la connexion à nous-mêmes. Ils illustrent l'appropriation ou la reconnexion à certaines qualités humaines ou à certains potentiels.

Un nouveau collier

En rassemblant ce qui est épars,
Nous retrouvons du pouvoir sur notre vie,
Et de la capacité d'expression.

☾ Le rêve

Natacha est sur un bateau qui sert de navette. Elle est assise à côté de son ex-belle-mère. Elle met du temps à la saluer. Natacha est bien habillée, mais n'a pas de collier. Sa belle-mère sort un collier de son sac et lui donne en précisant qu'il ne lui va plus. Natacha le trouve très beau et assorti à ses boucles d'oreilles.

☾ Moment d'expansion

J'ai demandé à Natacha si elle se souvenait du départ et de la destination du voyage. Elle m'a répondu qu'il allait de Petite-Terre à Grande-Terre, à Mayotte (son pays d'origine).
Je lui ai ensuite demandé de me dire deux mots au sujet de son ex-belle-mère. Elle m'a répondu qu'elle pratiquait la magie noire et qu'elles avaient été très attachées l'une à l'autre.
Parfois, il faut interpréter les symboles de manière littérale. Natacha voyage de Petite-Terre vers Grande-Terre, cela symbolise un chemin d'évolution et d'expansion, de la plus petite partie d'elle-même vers la plus grande.

☾ Les vêtements

Natacha précise qu'elle est bien habillée. Les vêtements matérialisent nos caractéristiques intérieures qui se voient à l'extérieur. Elle a donc déjà fait un travail sur elle-même, qu'elle partage avec les autres et qui la singularise socialement.

☾ Réunion

Sa belle-mère fait partie de son passé. Le fait que Natacha mette du temps à la saluer signifie qu'elle hésite à renouer avec une partie de son passé.
La belle-mère précise que le collier ne lui va plus. Le collier symbolise quelque chose qui doit être transformé, recyclé avant de pouvoir se le réapproprier. Il s'agit sûrement de la magie noire dont Natacha parlait pour caractériser sa belle-mère. Natacha a peut-être des capacités spirituelles à récupérer après un petit recyclage avant d'atteindre Grande-Terre (la plus grande partie d'elle-même). Ce collier symbolise de nouvelles capacités qui semblent parfaitement compléter sa belle tenue et ses boucles d'oreilles, qui s'intègrent très bien à qui elle est.
Un collier se place sur la gorge. Symboliquement, il vient embellir l'expression de Natacha, qui devrait s'ouvrir davantage après réappropriation de cette qualité.

→

☾ Le message du rêve

Ce voyage vers la plus grande partie d'elle-même s'accompagne d'une réunification. Elle doit se réapproprier ses potentiels spirituels, qui semblent parfaitement la compléter et qui embelliront son expression.

Les voyages en avion

Les voyages en avion illustrent, par la prise de hauteur, un nouveau regard sur nous-mêmes et sur nos besoins. Dans un avion, nous ne sommes plus écrasés par notre quotidien et, avec la légèreté de l'élément air, nous pouvons redécouvrir ce qui est essentiel.

Refuge et réussite

Suis-je conscient de mes besoins essentiels ?

☾ Le rêve

Sacha fait un rêve récurrent. Il est dans un avion à destination d'Israël quand un trou apparaît dans le sol de la carlingue. Il n'arrive jamais à destination.

☾ Fuite énergétique

J'ai demandé à Sacha de me dire deux mots au sujet d'Israël. Il m'a répondu « refuge et réussite ». Il aimerait donc obtenir ces deux choses dans sa vie. Il a besoin de trouver en lui la sécurité et la sérénité tout en atteignant une certaine forme de succès social.
Mais il n'atteint pas Israël, car il y a un trou dans l'avion. Ce trou matérialise une fuite énergétique qui l'empêche d'atteindre ses deux objectifs.
C'est à lui d'investiguer sur ce qui crée cette fuite et empêche une partie de sa réalisation.

☾ Le message du rêve

Ce rêve récurrent montre l'insistance de l'inconscient de Sacha pour la prise en charge de ces deux notions qui semblent essentielles pour lui. S'il ne les prend pas en main, il pourrait nourrir une insatisfaction qui prendrait de plus en plus de place dans son quotidien et sa personnalité.

LES DÉPLACEMENTS À CHEVAL

Comme tous les animaux, le cheval symbolise dans les rêves une qualité personnelle en cours de révélation. Il matérialise un alignement entre nos désirs profonds et notre cheminement dans la vie réelle.

Faire corps avec son chemin

Suis-je prêt pour le grand voyage,
Celui qui rassemblera ce qui est épars ?

☾ Le rêve

Charles est sur le parking d'un supermarché, le sol est gelé. Un cheval a les pattes bloquées dans la glace. Plusieurs personnes tentent en vain de le sauver. Charles part à la rencontre du cheval pour tenter lui aussi de l'extraire de la glace.

☾ Réalignement et abondance

Les supermarchés et les marchés sont des lieux d'abondance, où nous pouvons sélectionner ce dont nous avons besoin.
Le cheval est un moyen de déplacement avec lequel nous faisons corps, comme un prolongement de

nous-mêmes qui donne de la force à notre cheminement. Ce rêve montre à Charles qu'il est bientôt prêt à emprunter un chemin en accord avec son être profond. Le cheval matérialise l'alignement entre la plus petite partie de nous et la plus grande. Il y a une forme de libération, comme si le cheval pris dans la glace avait hiberné le temps que Charles soit prêt à se réapproprier son véritable chemin.

Le réalignement en cours apportera l'abondance symbolisée par le supermarché.

Chapitre 5

LA DATATION : DE QUAND DATE MON BLOCAGE ?

Comme vous l'avez compris, les rêves sont riches en informations nous concernant. Ils nous parlent de sujets très variés, nous apprennent à nous connaître et à nous comprendre. Ils évoquent nos désordres et mettent en lumière des traumatismes ou des croyances sclérosantes qui ont pris corps dans notre personnalité.

Les rêves sont précis et peuvent nous dire à quel moment de notre vie nous sommes partis sur une mauvaise voie ou quand nous avons construit une croyance sclérosante, en utilisant deux moyens : les lieux et les personnages.

LES LIEUX QUI PERMETTENT DE DATER LES RÊVES

Il y a une différence entre les lieux dont nous avons parlé précédemment et la datation que j'aborde maintenant. Ceux dont je parle ici sont des références directes à notre histoire personnelle. Il peut s'agir de lieux où nous avons habité ou d'endroits que nous avons fréquentés. Ils sont les marqueurs d'une époque de notre vie. Les rêves peuvent se servir de ce type d'éléments issus de notre histoire pour nous indiquer la date à laquelle une croyance limitante a pris corps.

C'est alors une double information. Prenons l'exemple d'un rêve où la cuisine de l'appartement que j'occupais il y a dix ans brûle. La cuisine symbolise ma créativité, et mon appartement de l'époque me symbolise moi dix années auparavant. Ce que le rêve veut dire, c'est que ma capacité à créer a été détruite il y a dix ans.

PEUR DU DÉCLASSEMENT SOCIAL

Puis-je identifier la naissance de ma peur ?

☾ Le rêve

Cyrile est dans son précédent appartement. Il est dans le salon plongé dans l'obscurité.

☾ Période sombre

J'ai demandé à Cyrile de me dire deux mots au sujet de cet appartement dans lequel il vivait il y a environ dix ans. Il m'a répondu que c'était une période très sombre de sa vie, où il venait de se séparer de son ex-femme et de son travail. Il avait alors d'énormes craintes financières, notamment la peur de ne pas arriver à payer son loyer seul. Cyrile, qui était auparavant employé, est depuis cette période entrepreneur.
Il faut donc faire une double interprétation. Le salon est le lieu du rapport social, et cette période le ramène à des craintes financières qui sont nées à cette époque. C'est dans cet appartement qu'il a dû affronter pour la première fois la peur du déclassement social.

☾ Le message du rêve

Le rêve lui indique qu'il n'est toujours pas rassuré financièrement et qu'il craint toujours le déclassement depuis cette époque.

LES PERSONNAGES

Les rêves utilisent aussi les personnages pour nous indiquer les dates du bug. Comment les différencier des autres personnages ? Ce sont ceux qui sont représentatifs d'une époque de notre vie. Il peut s'agir d'un ami de notre adolescence que nous n'avons jamais revu depuis, ou d'un professeur de notre école primaire par exemple.

Il faut là aussi faire une double interprétation. Si je rêve d'une amie que j'ai connue à l'âge de vingt ans qui me regarde en souriant, et que les mots qui me viennent à l'esprit en pensant à elle sont « excentricité et anticonformisme », c'est que depuis que j'ai vingt ans, je continue à me construire autour de l'excentricité et de l'anticonformisme.

Quelques exemples

- Dans le rêve d'Ophélia (Gérard Depardieu et François Hollande), p. 50. La professeure du collège indique la date de la modification du tempérament.

- Dans le rêve de Manuella (Une amie d'enfance qui fait la tête), p. 69. L'amie avec la robe blanche indique le moment où Manuella adopte son image sociale.

- Dans le rêve de Myriam (Rejet de la banalité), p. 82. Myriam indique elle-même le moment du rejet en incarnant la petite fille.

- Dans le rêve de Sacha (Énergie bloquée à l'adolescence), p. 99. L'ours à la fois adulte et adolescent indique le moment du renoncement.

Chapitre 6

AUTRES CLÉS D'INTERPRÉTATION

LES ANOMALIES REMARQUABLES

L'idée de comparer notre réalité à cette matière étrange dont sont faits les rêves peut sembler saugrenue. Pourtant, cet exercice est pertinent et riche d'informations, je pense même que la plupart des messages se cachent dans ces écarts qu'il s'agit de remarquer et d'interpréter.

Prenons l'exemple d'un salon dans lequel se trouverait une douche. Voilà deux symboles que nous connaissons. Le salon est le lieu dans lequel notre rapport social est illustré. La douche est le lieu où nous nous débarrassons des miasmes qui nous encombrent pendant une période d'introspection. Mais que vient faire une douche au milieu du salon ? C'est une anomalie remarquable qu'il s'agit d'interpréter. D'après moi, ce rêve viendrait nous dire que ce travail de transformation, qui normalement est réservé à l'intime, devient existentiel socialement.

Les rêves se servent de ces anomalies pour nous montrer nos dysfonctionnements, déséquilibres ou excès.

Excès de féminin

Si l'un est en excès,
L'autre ne peut trouver sa place.

☾ Le rêve

Manuela se trouve dans un hôtel qui est dans l'eau. Elle y visite une chambre avec un homme et elle remarque que la baignoire est tellement grande que l'on pourrait y faire de la natation. L'homme décide de ne pas prendre la chambre, car il est angoissé à l'idée de ne pas pouvoir la payer. Manuela observe alors l'hôtel luxueux au milieu de l'océan. Il y a tellement d'eau qu'elle a l'impression que cela remplace l'air.
Elle visite ensuite l'hôtel et découvre une salle avec des personnes âgées et des brouettes.
Dans la dernière partie du rêve, elle est à table avec Brad Pitt dans un grand salon. Brad Pitt tente de rejoindre sa famille à la table d'à côté, mais est rejeté.

☾ Les anomalies remarquables ?

Il n'y en a qu'une, mais qui est tellement insistante qu'elle prend plusieurs formes.
Il n'existe pas d'hôtel dans l'eau ni au milieu de l'océan. Il n'existe pas de baignoires grandes comme des piscines olympiques, et nous ne pourrions pas vivre si l'air était remplacé par de l'eau. L'hypertrophie de l'élément eau est le message martelé par le rêve. L'eau est le symbole de la vie, mais surtout ici du féminin, qui semble occuper beaucoup d'espace dans l'équilibre intérieur de Manuela.
Les énergies du féminin et du masculin se trouvent à l'intérieur de nous-mêmes, et ceci quel que soit notre sexe. Il s'agit de trouver l'équilibre entre les deux en les plaçant chacune dans leur « savoir-faire ». Le rêve de Manuela lui montre un excès de féminin, avec un masculin qui ne trouve pas sa place (l'homme refuse la chambre).

D'après moi, notre énergie féminine apporte les ressources à notre vie, c'est une énergie de vie abondante qu'il s'agit de laisser couler. Le masculin conceptualise notre contexte en nous y faisant exister. Il met en œuvre nos décisions et nos projets.
Le patriarcat qui atrophie l'énergie féminine inverse les connexions et demande à l'homme de manifester l'abondance en gagnant de l'argent. Le masculin qui ne sait pas le faire naturellement construit des angoisses.

→

C'est ce qu'illustre le personnage masculin dans le début du rêve, qui a peur de ne pas réussir à payer la chambre.
Manuela est connectée à cette source d'abondance matérialisée par toute cette eau et cet hôtel luxueux, mais ne sait pas l'utiliser, car son énergie masculine est mal positionnée.
L'hôtel indique qu'il s'agit d'une structure provisoire que Manuela va faire évoluer vers un meilleur équilibre.

☾ Valeurs archaïques

Dans la suite du rêve, Manuela visite l'hôtel et découvre une salle avec des personnes âgées et des brouettes.
Les personnes âgées représentent des valeurs archaïques dont nous devons nous séparer, les brouettes renforcent ce symbole. Je pense qu'il s'agit d'évacuer quelques croyances patriarcales qui ne placent pas le masculin au bon endroit.

☾ Impossibilité au masculin de prendre sa place

Dans la dernière partie du rêve, Manuela est à table avec Brad Pitt dans un grand salon. Brad Pitt tente de rejoindre sa famille à la table d'à côté, mais est rejeté.
Manuela me précise qu'elle apprécie les films avec Brad Pitt, mais qu'elle en a une vision triste associant

célébrités et mal-être. Elle pense que la plupart des personnes célèbres sont malheureuses.

Par l'intermédiaire du premier personnage masculin angoissé à l'idée de ne pas pouvoir pourvoir aux dépenses, et de Brad Pitt qui est rejeté, le rêve indique à Manuela que ce féminin qui occupe tout l'espace (symbole de l'eau) est la résultante de l'impossibilité du masculin de prendre sa place. Même un masculin beau et *successful* comme Brad Pitt ne trouve pas sa place dans l'univers de Manuela.

L'énergie masculine met en mouvement les énergies de vie féminines pour avancer et entreprendre des projets, mais Manuela réduit cette énergie aux gains financiers et au succès. Si l'énergie féminine ne passe pas entre les mains de l'énergie masculine pour être projetée dans le monde, elle reste stagnante et s'accumule.

☾ Le message du rêve

L'excès d'eau apparaît comme une anomalie incontournable et représente le message principal. Le rêve montre à Manuela que son excès de féminin est en fait causé par un mauvais positionnement de son masculin, qui ne sait pas se servir de cette ressource et reste bloqué dans une vaine recherche de succès ou des angoisses financières.

MOI DANS LE RÊVE

Nous pouvons parfois être observateurs, parfois acteurs, et cette position peut varier au sein d'un même rêve. Nous vivons aussi des sentiments, des émotions ou des sensations ; il peut s'agir de la peur, de l'allégresse, de l'exaltation, de la folie… Tous ces éléments sont à noter, car ce sont des indicateurs essentiels pour décrypter le rêve. Il faut aussi noter les variations quand nous passons d'un sentiment à un autre.

Nous pouvons également changer de forme et subir des transformations. Ce sont des éléments importants du rêve qui peuvent être choquants et perturbants.

Ces ressentis puissants, ou les transformations que nous vivons, deviennent des éléments clés du rêve à interpréter.

LE RÊVE DE MICHEL : DANS LA PEAU D'UN HANDICAPÉ

Si notre système arrive à saturation,
Un grand changement est nécessaire.

☾ Le rêve

Michel est dans les toilettes d'un fast-food d'une marque célèbre. Il y a des déjections sur les murs et les cuvettes y sont saturées. Il décide de ne pas s'y attarder et ressort.

Il observe dans le fast-food des chaînes de production d'aliments peu ragoûtants. Écœuré, il décide de sortir.

Il commence à se mouvoir comme un handicapé, ses idées deviennent obsessionnelles, il a l'impression de devenir fou. Il s'enfuit.
Il est alors poursuivi par un être dangereux armé d'une mitraillette. Il fuit dans Paris et traverse une église. Il tente d'y prévenir les fidèles qu'un individu dangereux arrive, mais personne ne l'écoute.
Au bout du chemin, il trouve un endroit sécurisé, mais il reste dans la peau d'un handicapé.

☾ La folie

Michel vit une forme de dégradation et de folie. C'est le point marquant du rêve. Ce qui est intéressant à comprendre, c'est la raison de cette dégradation.
Les restaurants sont les lieux qui symbolisent la façon dont la vie nous nourrit. Ici, Michel y cherche les toilettes, mais elles sont saturées d'excréments, et il ne peut pas y faire ses besoins.
Son cycle de la vie est perturbé. Il ne peut plus aller au bout de la digestion des évènements de sa vie. La question à se poser, c'est qu'est-ce qu'il ne digère plus ? Il aura la réponse en retournant dans la salle principale du fast-food. Ce type de restauration est assez éloigné de la gastronomie, je dirais même que les fast-foods sont symboliquement les palais de la malbouffe. Cette idée est renforcée par la chaîne de production peu ragoûtante qui s'y trouve. Ce que vient dire le début du rêve à Michel, c'est que son contexte non seulement ne

→

le nourrit plus, mais bloque aussi tout son système. La malbouffe industrielle représente l'univers sclérosant dans lequel il se trouve. Ces énergies qui ne circulent plus le handicapent et ont tendance à faire tourner ses idées en boucle, le rendant obsessionnel.
Son contexte le poursuit quoi qu'il fasse, et d'après moi le personnage armé est un transfert du fast-food. Il fuit pour tenter d'y échapper mais est poursuivi. Son passage à l'église lui montre que non seulement sa spiritualité ne peut pas l'aider, mais qu'elle risque même d'être détruite.

☾ Le message du rêve

Michel a fait ce rêve en pleine pandémie de la Covid. Il réfléchit à quitter la France. Ce rêve semble lui indiquer que son environnement se referme sur lui. Mais est-ce une solution de partir à l'étranger ? Dans le chapitre suivant, nous retrouverons les rêves de Michel qui répondront à cette question.

Chapitre 7
QUESTIONNER SES RÊVES

Je pense qu'il n'y a pas de meilleur interlocuteur que celui qui écrit nos rêves pour répondre à nos interrogations. Les rêves donnent accès à tout le savoir possible nous concernant. Les questionner, c'est interroger quelqu'un qui nous connaît mieux que nous-mêmes et qui a toutes les réponses. Mais, comme vous le savez, cet interlocuteur répond à nos questions dans une langue bien spéciale, la langue des symboles.

Ce langage est déjà surprenant au premier abord, il l'est d'autant plus quand il s'agit de répondre à une question. Il n'est pas facile de mettre en adéquation une question posée de manière rationnelle avec une réponse symbolique. Nous avons souvent le sentiment que le rêve n'est pas en rapport avec le sujet que nous avions invoqué. Pourtant, mon expérience me montre qu'il s'agit toujours d'une réponse précise à la question que nous avions posée.

L'IMPORTANCE DE LA QUESTION

Il suffit de s'endormir avec une question. De la même manière qu'il faut s'endormir avec le souhait de faire un voyage onirique pour se souvenir de ses rêves, il s'agit de souhaiter obtenir une réponse à son questionnement au moment précis de l'endormissement pour trouver cette réponse dans son rêve.

Aussi surprenante que soit celle-ci, il s'agira de prendre en préambule de l'interprétation la question posée. Si d'habitude la première scène du rêve pose l'intrigue, elle est cette fois déterminée par vous-même au moment de votre question. Les réponses sont généralement très précises.

Comme vous l'avez compris, quelle que soit la question, la réponse est toujours la mise en lumière d'une partie de nous-mêmes. Il s'agit donc de poser une question qui va dans ce sens : il est possible de demander à découvrir ses potentiels, ou au contraire ses points de blocage. C'est également l'occasion de comprendre pourquoi nous vivons une situation. Tous les sujets peuvent être questionnés : l'amour, la sexualité, le domaine professionnel…

Nous pouvons aussi questionner nos rêves si nous avons un choix à faire. Quel que soit le type de choix, peu important, ou à la croisée des chemins, les rêves peuvent nous aider à prendre la bonne direction. Ils sont le meilleur appui pour nous orienter le plus justement. Cette autre partie de nous, de l'autre côté du miroir, est la mieux placée pour nous guider, car elle nous connaît mieux que nous-mêmes.

Elle pourra nous montrer les tenants et les aboutissants qui se cachent derrière le choix que la vie nous propose. Que ce soit une association au niveau professionnel ou une relation amoureuse, les rêves, en plus de nous orienter, peuvent nous expliquer les raisons de nos doutes et de nos questionnements.

ET POURTANT, LA RÉPONSE EST PARFOIS UN MENSONGE

Les rêves ne disent pas la vérité. Ils nous transmettent cependant un message parfaitement adressé et totalement adapté à qui nous sommes, et dont nous avons besoin au moment où nous les décryptons. La réponse est toujours parfaite par rapport à ce que nous vivons, mais peut se révéler fausse à long terme. En effet, les rêves répondent à une problématique du moment présent, sans détenir la vérité. Par exemple, si j'ai besoin d'affirmer ma personnalité, ils peuvent m'emmener dans un « ego trip » pour satisfaire mon orgueil, ils peuvent aussi m'inviter à poursuivre une expérience qui se révélera finalement négative, mais que j'avais besoin de vivre. Il est important de prendre cela en considération quand nous interrogeons nos rêves, notamment au moment de faire des choix. Il faut prendre du recul par rapport à la réponse, elle n'est ni sacrée ni intemporelle, mais une orientation juste dans le moment présent.

J'ai par exemple une fois demandé à mes rêves de m'indiquer si je devais quitter mon ancienne compagne.

La réponse a été très claire, il fallait que je reste. Au moment de la question, je n'étais absolument pas prêt à faire le pas. Aujourd'hui, je pourrais penser que mes rêves m'ont menti, sachant que je ne doute pas de l'interprétation que j'avais faite. Je pense simplement que la réponse était adaptée à mon contexte temporel. Me séparer prématurément aurait pu nous mettre dans de grandes difficultés elle et moi. Les rêves ne disent pas la vérité, mais nous adressent un message adapté à ce que nous sommes et à ce que nous vivons.

EXPLORER UNE PARTIE DU RÊVE PRÉCÉDENT : UN RÊVE DANS UN RÊVE

Certaines parties de nos rêves restent mystérieuses. Ce n'est pas lié à notre interprétation, mais plutôt au fait que ces éléments ne sont pas révélés. Il peut s'agir de personnages ou de lieux inconnus. Certains rêves peuvent aussi nous montrer un travail à faire sur nous-mêmes, sans nous dévoiler de quoi il s'agit. La nuit suivante, il sera possible de questionner une partie du rêve précédent, pour mieux comprendre cette zone mystérieuse qui demande à être révélée.

LE QUESTIONNEMENT DE MICHEL : PARTIR À L'ÉTRANGER

Suis-je prêt à regarder ce qui m'empêche
d'être à la hauteur de mes ambitions ?

☾ Préambule

Michel veut quitter la France, son pays natal, pour avoir une vie plus nomade et tournée vers l'international. Malgré ses efforts et les moyens qu'il met pour réaliser cette ambition, il ressent des blocages.

☾ Première nuit

Michel s'est endormi avec l'envie de comprendre ce qui l'empêche de réaliser son projet.

☾ Le rêve

Michel est à l'école et passe des examens.

☾ Trop de pression

Le symbole de l'examen est assez courant dans les rêves. Il matérialise le fait que nous mettons un enjeu trop grand dans certains aspects de notre vie.

→

Ce rêve vient dire à Michel de changer d'état d'esprit par rapport à ce projet. Ce n'est pas en se mettant la pression, comme à un examen, que Michel arrivera à ses fins.

☾ Deuxième nuit

Ayant intégré le premier message et en relâchant la pression sur le sujet, Michel s'est endormi avec la même question.

☾ Le rêve

Dans la première partie du rêve, Michel, au sommet d'une tour, est obligé de se cacher, car depuis le bas on lui tire dessus.
Dans la deuxième partie du rêve, il est avec deux amis dans le sous-sol d'un cinéma. Il voit un trou dans le mur et ses deux amis décident de s'y faufiler. Le trou lui semblant trop étroit, il décide de retourner dans la salle de cinéma et d'aller voir le film.
Dans la salle, il est obligé de laisser sa place à plusieurs personnes, il se retrouve alors sur le côté, mal placé.
Dans la dernière partie du rêve, Michel tente de remonter au sommet de la tour, qui cette fois est plus haute, le passage est de plus en plus exigu et il a peur de rester bloqué.

☾ La tour d'ivoire

Michel est une personne dans l'introspection. En haut de cette tour, il est comme au sommet de sa tour d'ivoire, mais cette décision de partir à l'étranger bouscule l'équilibre qu'il avait trouvé. C'est pour cela qu'on lui tire dessus.

Partir à l'étranger pour quelqu'un d'ancré dans un territoire, c'est un challenge. Cela entraîne plusieurs défis. Il faut s'adapter à d'autres cultures, renoncer à la stabilité et s'éloigner de ses proches. Michel m'a confié également ses craintes financières. Ce que le rêve lui propose à travers ce trou dans le mur de la cave, c'est de chercher de nouvelles ressources en lui.

☾ Refus de l'obstacle

Je lui ai demandé de me dire deux mots au sujet des amis qui l'accompagnent. Il m'a répondu que ce sont deux amis spirituels qui ont déjà franchi le pas et qui sont installés à l'étranger. Ses deux amis lui montrent le chemin. Ce trou, c'est un chemin vers l'introspection pour développer des capacités et les qualités qui permettront la réussite de ce projet. Seulement Michel refuse l'épreuve, il ne va pas dans ce trou et décide de rebrousser chemin.

→

☾ Involution

Dans la salle de cinéma, il a d'abord une bonne place, mais il est rapidement obligé de se déplacer vers une place moins favorable. Les salles de cinéma, comme toutes les salles de spectacle, symbolisent le manque d'implication dans notre vie. Quand nous sommes peu impliqués, apparaît le besoin de vivre par procuration, ainsi nous devenons accros aux films et aux séries pour vivre les émotions que nous ne vivons pas réellement. Si Michel ne relève pas le défi inhérent à son choix, il risque de perdre pied dans sa vie en s'impliquant moins. Ce manque d'implication entraînerait une relégation à une place secondaire. Michel, en posant son choix, mais en n'assumant pas le défi qui va avec, risque une dégradation de sa vie actuelle.

☾ Pas de retour en arrière possible

Dans la dernière partie du rêve, Michel tente de remonter au sommet de la tour, mais cette fois elle est plus haute. Le chemin exigu l'empêche d'atteindre le nouveau sommet. Il ne peut plus siéger en haut de sa tour d'ivoire.

☾ Le message du rêve

Le rêve montre à Michel que le choix qu'il a fait rend le *statu quo* impossible. Il n'y a pas de retour en arrière possible. Je crois que parfois la vie nous impose d'assumer nos choix, c'est en tout cas ce que le rêve semble indiquer à Michel.

☾ Troisième nuit

En se réveillant, Michel s'est demandé ce qu'il y avait de si effrayant dans ce trou. La nuit suivante, il s'est endormi avec l'envie de savoir ce qu'il aurait trouvé s'il avait suivi ses deux amis dans l'exploration du trou dans le mur.

☾ Le rêve

Michel est dans une pièce d'un bâtiment inconnu, en train d'uriner. Il urine pendant très longtemps. Il accède ensuite à un énorme hangar dans lequel se tient un forum international. Il y a plein de stands de nourriture. Devant un étalage de pâtisseries, un homme lui donne deux gâteaux, dont un avec de très belles figues.

☾ Purification avant réalisation

Michel est dans un bâtiment et une pièce inconnus. Il explore une partie de lui qu'il ne connaît pas. À cet endroit, il urine pendant très longtemps. Le fait

→

d'uriner est un symbole de purification. Mais il est impossible avec les éléments du rêve de savoir ce que Michel purifie. En revanche, il est possible de connaître les conséquences du changement. Si Michel effectue ce travail de libération, il accède à ce forum international où il peut se nourrir. À la suite de cette purification, le rêve lui indique que son projet se réalisera et le nourrira.

☾ Le fruit de la création

Il existe plusieurs théories sur le fruit qu'Ève donna à Adam. On parle souvent d'une pomme, mais parfois d'une figue ou d'une grenade. Ces trois fruits sont à l'origine du monde, de l'union du féminin et du masculin qui a engendré le monde tel que nous le connaissons. La pomme, c'est la création en général, la figue et la grenade, par leurs aspects intérieurs, sont des symboles de foisonnement et de multitude. Par ces fruits, le rêve semble indiquer à Michel que son départ à l'étranger sera très fécond.

☾ Quatrième nuit

Michel a voulu savoir ce qu'il avait besoin d'uriner. Il s'est donc endormi avec la question de ce qu'il fallait purifier en lui.

☾ Le rêve

Michel est dans un bâtiment inconnu, et c'est assez flou. Il joue ensuite aux cartes avec un ami qu'il ne connaît pas. Son ami pose un as sur la table. Michel sait qu'il a lui aussi un as, mais ne le trouve pas. En cherchant dans son jeu, il remarque différents types de cartes : des cartes classiques, mais aussi des cartes du tarot de Marseille. Il est alors très gêné et ne comprend pas comment jouer avec des cartes aussi différentes. Il se rend compte ensuite que la première carte devant ses yeux était l'as qu'il cherchait.

☾ Jouer avec tout son jeu

Le souvenir flou de ce bâtiment inconnu renforce l'idée de la découverte d'une autre partie de lui, qu'il ne pourra explorer qu'avec ce voyage à l'étranger.
Michel joue à un jeu qu'il connaît *a priori* avec un ami. D'après moi, cet ami, c'est l'autre partie de Michel de l'autre côté du miroir qui lui montre qu'elle l'accompagne dans ce changement. En posant un as, son ami l'oblige à utiliser ses meilleures cartes. Michel sait que lui aussi a un as, mais en regardant son jeu, il se rend compte qu'il a également des cartes du tarot de Marseille. Le tarot de Marseille n'est pas un jeu de cartes traditionnel, il ne sert pas à jouer, mais à faire des tirages divinatoires. Il symbolise la spiritualité de

→

Michel. Il a dans son jeu son atout spirituel. Mais il est perturbé de voir ces cartes, il semble déstabilisé, il ne voit pas comment jouer avec les cartes classiques, « normales », et le jeu de tarot.

J'ai demandé à Michel de m'en dire un peu plus sur sa spiritualité. Il ne l'assume pas vraiment, et cela depuis des années. Il cloisonne les deux parties de son être, en n'assumant sa spiritualité qu'auprès de très peu de personnes.

☾ Le message du rêve

Ce que ce rêve dit à Michel, c'est que cette spiritualité fait partie de son jeu et qu'il en aura besoin. Il doit apprendre à jouer avec toutes ses cartes, les cartes classiques qui représentent son adaptation au monde, et ses cartes spirituelles. Il n'assume pas pour le moment l'association des deux, c'est ça qu'il a besoin de purifier. En éliminant le cloisonnement qu'il a installé dans sa vie et en mélangeant ses cartes, il sera prêt à assumer de plus grands défis ainsi que ce projet de départ qui semble prometteur.

PARTIE 3

ACCÈS À LA PSYCHÉ PAR LES RÊVES

Chapitre 1

LES GRANDES LIGNES DE FORCE DE LA PSYCHÉ COLLECTIVE

QU'EST-CE QUE LA PSYCHÉ COLLECTIVE ?

Interpréter les rêves nous donne un accès à nous-mêmes. Mais qu'y a-t-il au plus profond de notre inconscient ? Notre personnalité est-elle exempte de toute structure collective ?

Je pense que non, que nous sommes les victimes inconscientes de grands plans qui nous caractérisent en secret au plus profond de nous.

Se comprendre soi-même ou comprendre les autres passe par la prise en compte de ces grandes lignes de force collectives qui structurent notre psyché profonde. Ainsi, nous évoluons par rapport à un référentiel de manière plus ou moins consciente. Il me semble difficile, voire impossible, de nous en émanciper complètement, car notre environnement nous y ramène en permanence. Même si je me rebellais, je continuerais d'exister par rapport à lui, même en vivant isolé, il animerait toujours mes pensées. Au niveau social, il dicte mes relations, il me dit qui je dois aimer, ce que je dois désirer. En prendre conscience, regarder avec lucidité de quelle manière nous sommes influencés est déjà un premier pas essentiel vers l'émancipation.

À partir de plans communs, il existe pourtant individualité et personnalité. Sur ce plan collectif, se greffe notre plan individuel, celui de notre psyché. Notre plan individuel est une nuance du plan collectif qui donnera la saveur à notre personnalité.

Certains grands récits fantastiques traversent le temps et les âges. Ces mythes disent quelque chose de nous et nous marquent au-delà de la compréhension que nous en avons. Pourquoi ces grandes épopées qui parlent de dieux désuets marquent-elles notre conscience collective et individuelle alors qu'elles semblent venir du fond des âges ? Parce que ces grands récits mythiques utilisent un langage universel, celui des symboles, pour décrire la psyché collective.

S'approprier le langage onirique permet de décrypter ces grands mythes, car les symboles sont au-delà du temps, de la géographie ou des codes de notre époque. Il est donc intéressant, pour mieux se comprendre soi-même et l'autre, de décrypter certains de ces récits symboliques, ces grands mythes, pour comprendre notre humanité, ses archétypes, les énergies qui nous animent, nos pulsions, nos désirs et notre existentialité.

LIEN ENTRE SEXUALITÉ ET IMAGE SOCIALE

À l'origine de toute chose, on trouve deux énergies opposées et complémentaires qui ont souvent du mal à cohabiter : l'énergie féminine et l'énergie masculine. Ces deux énergies sexuelles ne sont pas dans une expression libre, elles évoluent dans un cadre : le patriarcat.

Nous allons décrypter le mythe de Minos et du Minotaure pour mieux comprendre ce qui anime l'énergie masculine et l'énergie féminine en utilisant la même méthodologie que pour l'interprétation des rêves.

Minos et le Minotaure

Le mythe

À l'époque de la Grèce antique, Minos se dispute la couronne avec ses frères, il prétend qu'elle lui revient de droit divin. Pour prouver ses allégations, il demande au dieu Poséidon de faire sortir de l'eau un taureau divin, qu'il sacrifiera aussitôt en signe de soumission. Le taureau apparut et Minos monta sur le trône mais, en contemplant la majesté de la bête que Poséidon lui avait envoyée, il décida de conserver l'animal, malgré sa promesse. Il le mit dans un enclos.

Minos devint un grand roi qui fit prospérer son royaume. Très occupé, il délaissa sa femme Pasiphaé. Celle-ci, sous l'influence de Poséidon, commença à nourrir une passion irrésistible pour le taureau divin. Elle demanda à Dédale, l'architecte de son mari, de lui construire une vache en bois pour duper le taureau. Elle entra dans la vache et fit l'amour avec l'animal. Elle engendra alors un monstre violent et dangereux, le Minotaure.

Le roi demanda à Dédale de construire un immense labyrinthe pour cacher le Minotaure.

Minos nous donne le fonctionnement du masculin, et Pasiphaé celui du féminin. La confrontation de ces deux énergies va créer la psyché. Comprendre le mythe de Minos et du Minotaure, c'est comprendre la construction de la psyché dans un système patriarcal.

Qui est Minos ?

Quelle est la reconnaissance la plus haute pour un homme dans un système patriarcal ? Être au sommet de la pyramide. Aujourd'hui, nous dirions être président de la République. Longtemps, cela a été être roi de droit divin. Qu'y a-t-il de plus grand, et de plus respectable, que d'être un dirigeant installé directement par Dieu ?

Le roi Minos symbolise donc le plus haut degré de réussite dans la psyché masculine.

Qui est Pasiphaé ?

Quelle est la reconnaissance la plus élevée pour une femme dans un système patriarcal ? Épouser l'homme qui est au sommet de la pyramide. La femme ne pouvant y accéder par elle-même, elle ne peut se hisser au sommet que par le mariage.

La reine Pasiphaé symbolise le plus haut degré de réussite dans la psyché féminine.

Le ver est dans le fruit

L'ascension au sommet de ces deux personnages, devenus roi et reine, pourrait être la fin de l'histoire, mais ce serait compter sans l'intervention de la réalité de nos énergies sexuelles.

Minos devenu roi semble au sommet de son pouvoir. Il a réuni tous les atouts de la respectabilité. Mais est-il si sûr de lui dans l'intime ? Quelle est sa plus grande peur ?

Pasiphaé devenue reine est-elle vraiment satisfaite ? Elle a aussi tous les atouts de la respectabilité, mais ses désirs sont-ils vraiment assouvis ? Quelle est la plus grande peur de Pasiphaé ?

Poséidon, le maître des mers, donc de la vie et du féminin, connaît nos deux protagonistes mieux qu'eux-mêmes. Minos qui, dans un excès d'orgueil, a voulu conserver le taureau divin, va voir sa plus grande peur le rattraper.

Le taureau divin symbolise l'animalité sexuelle. Pour devenir roi, Minos devait utiliser le taureau, donc cette puissance sexuelle, pour dominer les autres. Mais en devenant roi, il savait qu'il devait la sacrifier. Le travail de roi est avant tout de gestion, plus besoin de puissance sexuelle. Voulant quand même conserver une sexualité, il décide de mettre le taureau dans un enclos. Il fait le choix de canaliser sa puissance sexuelle pour se consacrer aux activités cérébrales.

Pasiphaé n'a pas à faire ce choix, car les activités cérébrales lui sont proscrites. Au contraire de Minos, elle ne peut pas se couper de sa sexualité, ou la canaliser, sans se renier. Il n'y a que l'image de la respectabilité sociale, qui condamne l'adultère féminin, qui l'empêche de vivre pleinement sa sexualité. Pasiphaé sera attirée irrésistiblement par ce beau taureau, car si son orgueil a été assouvi en devenant reine, ses désirs, eux, ne l'ont pas été. Ainsi animée par des pulsions, elle ira satisfaire son besoin d'animalité.

La construction de la psyché

Les peurs respectives de chacun se matérialisent. Pour Minos, un être plus animal que lui fait jouir sa femme. Pour Pasiphaé, en succombant à ses désirs, elle s'est coupée de toute respectabilité. Tous les deux sont déshonorés et humiliés socialement. Le fruit de la peur de Minos et du désir de Pasiphaé va prendre la forme du Minotaure, la bête immonde que nous redoutons tous, qu'ils cacheront au centre du labyrinthe, au centre de notre inconscient, que nous tentons tous d'oublier pour continuer à exister.

Le système patriarcal, en plaçant la femme à la maison, en limitant son expression et en ostracisant celle qui assume ses désirs, a trouvé le moyen de laisser le Minotaure au fond du labyrinthe.

Comprendre ce qu'il y a au centre de notre psyché, de notre labyrinthe dont même l'architecte a oublié le chemin vers la sortie, s'appelle « l'introspection ». Nos peurs sexuelles sont donc intimement liées à notre image sociale. Les hommes en quête d'apparat sont terrifiés par plus animal qu'eux, les femmes connectées à leurs désirs craignent d'être marginalisées.

Le système patriarcal est majoritaire dans le monde, il constitue la base de notre psyché à tous. Sans en faire une critique systématique, il est intéressant de se demander comment les peurs ancestrales et les mécanismes décrits dans ce mythe constituent encore en chacun de nous des lignes de force qui sous-tendent ce que nous sommes. Mes choix et mes désirs sont-ils exempts de toutes ces considérations ? En tant qu'individu, quelle partie de moi est conditionnée pour atteindre le sommet de la pyramide comme Minos ? Puis-je continuer à exister sachant qu'il existera toujours plus animal que moi ? De quelle manière ma peur d'être ostracisé à cause de mes désirs influence-t-elle ma vie ? De quelle manière je cherche à maintenir la bête immonde au fond de mon inconscient, c'est-à-dire à refuser de regarder ce lien étrange tissé entre sexualité et image sociale ?

Comment s'émanciper de cette psyché collective ?

Sommes-nous libres alors que la norme dicte la plupart de nos choix ? De nombreuses personnes ont le sentiment de défendre des choix qu'ils croient personnels, alors qu'ils défendent ce que la norme impose.

Pour autant, je ne pense pas que nous puissions totalement échapper aux grandes lignes de force de la psyché collective. Il ne s'agit pas de vivre en dehors, mais de la transcender à partir de nos attributs personnels.

En identifiant ces schémas, nous pouvons prendre de la hauteur par rapport à eux. En entrant dans le labyrinthe, nous pourrons discerner le bon grain de l'ivraie, séparer notre essence profonde de ces grands schémas collectifs. Nous serons alors au plus proche de nous, et donc des autres.

Mais comment entrer dans ce labyrinthe ? Les rêves sont justement là pour ça, en dénonçant avec précision la façon dont nous nous sommes fourvoyés et en nous révélant comment y échapper.

Chapitre 2

LES PHASES DANS NOTRE RELATION AUX RÊVES

Les rêves sont des passerelles vers la totalité de notre être. Mais que se passe-t-il si cet outil de connaissance de soi n'est pas utilisé ? La plupart du temps, rien. Les rêves restent dans l'oubli. Les personnes qui ne sont pas dans l'introspection, ou qui ne voient pas d'intérêt à décrypter leurs rêves, ne s'en souviennent souvent pas. Cela ne veut pas dire qu'elles ne rêvent pas, mais les rêves ont une autre fonction.

Mais lorsque les rêves deviennent des messages de l'inconscient, j'ai remarqué que la relation à nos rêves se faisait en trois phases : la demande de connexion de notre inconscient, le désencombrement et la révélation du plan de notre psyché. Cette troisième phase fera l'objet du chapitre suivant.

PREMIÈRE PHASE : DEMANDE DE CONNEXION DE NOTRE INCONSCIENT

Parfois, notre inconscient nous demande l'accès par des rêves répétitifs et insistants. Cela veut dire que nous avons un besoin d'introspection, que notre zone de conscience est trop restreinte et que nous n'utilisons pas nos potentiels.

Poursuivi par une forme sombre

Si je me fuis,
Je n'avance pas.

☾ Le rêve

Pendant toute la première période de ma vie, je faisais ce rêve récurrent où j'étais poursuivi par une forme sombre terrifiante. Je tentais de lui échapper en courant, sans pouvoir avancer. Je restais sur place malgré des efforts surhumains pour me déplacer.

☾ Le cri de mon inconscient

Mon inconscient avait pris la forme de cette ombre à ma poursuite. Quand nous cherchons à tout contrôler, à tout ordonner pour échapper au chaos, il n'y a généralement pas de place pour le changement et

l'introspection. Mais en refusant de regarder en moi, je créais un trop-plein, j'étais devenu comme une Cocotte-Minute prête à exploser.
Mon inconscient demandait une libération et me montrait ma fuite en avant. Il faut remarquer dans ce rêve que mon cheminement était entravé, que le moteur de ma vie n'était pas d'avancer, mais de fuir. À cette époque, ma vie était bloquée, comme moi dans ce rêve. Avec le début de mon chemin initiatique, et en acceptant de communiquer avec l'autre moi, je n'ai plus jamais fait ce rêve.

Besoin d'une béquille

Je suis un être complet.

☾ Le rêve

Léa ne se souvient pas de ses rêves sauf de ce rêve récurrent. Elle est dans un bâtiment délabré qu'elle explore avec enthousiasme, comme une aventurière. Elle escalade les ruines pour aller vers une pièce inconnue. En y pénétrant, elle se retrouve dans une rue pavée. Elle y marche avec son fiancé Maxime, et y croise une mendiante et un mendiant. Le mendiant lui attrape la jambe, et elle se rend compte qu'il s'agit de

→

son ex-petit ami. Son fiancé l'encourage à poursuivre, et ils continuent tous les deux leur chemin.

☾ Bâtiment inconnu

Léa explore un bâtiment inconnu, cela lui montre qu'elle se connaît mal. Le bâtiment délabré lui indique que la vie a détruit les valeurs et les croyances structurantes profondes autour desquelles elle pourrait se construire. Dans la vie, elle n'est pas naturellement tournée vers l'introspection, mais par l'enthousiasme qu'elle vit dans le rêve, son inconscient lui indique qu'elle pourrait avoir du plaisir en apprenant à se connaître.
En escaladant ces ruines, elle prend de la hauteur sur elle-même pour explorer une pièce de son bâtiment. Comme nous l'avons vu, les pièces d'une maison symbolisent différents aspects de nous-mêmes, comme notre intimité, notre rapport social… mais en pénétrant dans cette pièce inconnue, Léa est téléportée ailleurs, ce qui signifie qu'elle n'est pas encore prête à se connaître.

☾ Pilier extérieur

Dans la rue, elle avance accompagnée de son fiancé Maxime. Quand j'ai demandé à Léa de me dire quelques mots à son propos, elle m'a répondu qu'il

était en quelque sorte le moteur de sa vie, qu'elle a du mal à faire des choses sans lui. Cela marque son manque d'autonomie. Léa, pour avancer dans son rêve comme dans la vie, a besoin de Maxime.
Les mendiants lui montrent l'exclusion de sa propre vie. Ils sont en quelque sorte un transfert du bâtiment délabré. Léa, sans le soutien de Maxime, resterait peut-être comme eux à l'écart de la vie. J'ai demandé à Léa de me dire deux mots au sujet de cet ex-petit ami qu'elle reconnaît. Elle m'a dit que c'était quelqu'un qui n'avançait pas dans sa vie, ayant tendance à être focalisé sur ses problèmes. Ce personnage renforce le propos, Léa a sans doute elle aussi des difficultés à s'émanciper.
Comme depuis le début, Maxime la pousse à continuer le chemin.

☾ Le message du rêve

Le rêve indique à Léa qu'elle est déconnectée d'elle-même et que Maxime lui sert de béquille. Son autonomie passe par la reconstruction de ce bâtiment et son exploration. En reconnectant à ce qui fait sa singularité, elle trouvera les moyens de se propulser par elle-même.

Pour les personnes qui ne travaillent ni sur les rêves ni sur elles-mêmes, ces rêves récurrents ont une importance encore plus grande. Ils sont un message simple martelé par l'inconscient pour interpeler le rêveur. Ils indiquent que nous faisons fausse route et nous montrent un chemin plus proche de nous.

DEUXIÈME PHASE : DÉSENCOMBREMENT

Quand la connexion est créée, l'inconscient nous révèle par les rêves les couches superficielles de notre psyché, à savoir nos constructions et nos croyances qui encombrent notre expérience, et nous empêchent d'avancer vers une expression plus libre de nous-mêmes. Le travail avec les rêves devient alors un formidable outil d'introspection. Chaque nuit, ils vont nous révéler les problématiques qui nous encombrent. L'interaction va permettre la coopération et la libre circulation des énergies et des informations entre notre conscience et notre inconscient.

Ce travail se met en place progressivement, les journées permettant de décrypter les rêves et de comprendre le message symbolique, la nuit d'en recevoir de nouveaux.

Souvent, une problématique principale se dégage pour chaque personne, comme si un thème majeur que l'on pourrait appeler « karma » perturbait notre structure. Les rêves vont d'abord marteler cette problématique pour nous obliger à la regarder en face. Une fois mise en lumière, nous entrons généralement dans une série de rêves où le sujet est décliné sous toutes ses formes jusqu'à ce que nous en ayons une vision d'ensemble. L'inconscient va chercher à nous faire comprendre les conséquences de cette problématique sur toutes les facettes de notre vie.

Les sujets soulevés par les rêves sont variés et souvent très concrets. En voici quelques-uns.

Nos critères de choix amoureux

Qu'est-ce que l'amour ? Voici un sujet éternel que l'humanité n'a pas fini de s'approprier. À titre individuel, pourquoi aime-t-on une personne plutôt qu'une autre ? De quelle manière nos projections, nos constructions liées à notre culture et notre éducation influencent-elles la recherche de l'être aimé ? En amour, nous reproduisons souvent des schémas inconscients qui nous mènent vers une quête impossible. Combien de personnes vivent des passions avec des individus qui ne sont pas faits pour elles ?

Certains me disent : « Mais j'écoute mon cœur. » Mais quelle partie de votre cœur écoutez-vous ? Quelle partie est la plus forte dans notre vie, notre capacité à aimer ou notre vide affectif ? Quels sont les critères inconscients qui nous poussent vers une personne au détriment de toute raison ? S'agit-il vraiment d'amour ? Certains se résignent alors à vivre le célibat, d'autres multiplient les relations sans issue.

Ces schémas sont accessibles par les rêves.

Changer de schéma

Quand je manque d'estime de moi,
Je cherche l'admiration
à l'extérieur.

☾ Le rêve

Chloé est à Saint-Pétersbourg avec deux ex-petits amis. Elle décrit une ville sale et glauque. Ils ont une chambre d'hôtel, mais elle se rend compte que tout le monde peut y entrer. Elle apprend ensuite que ses deux petits amis se sont fait casser la figure.

☾ J'aime leur fibre artistique

J'ai demandé à Chloé de me dire deux mots au sujet de Saint-Pétersbourg et des protagonistes de ce rêve. Elle ne connaît pas la ville, mais a le sentiment qu'elle est lointaine. Concernant ses deux ex-petits amis, c'est plus complexe. Les deux ont une fibre artistique. Elle vient de se séparer de l'un dans une grande tristesse. Avec l'autre, la séparation est plus ancienne, mais ils sont bons amis maintenant. Elle me précise qu'elle est attirée par ce type de profil, mais que les relations sont chaotiques, car elle ne se sent pas à la hauteur. Dans l'amitié après la relation, cela se passe mieux.

☾ Pas les bonnes personnes dans mon intimité

Saint-Pétersbourg montre à Chloé qu'elle est éloignée d'elle-même en amour. La saleté, le côté glauque indiquent son éloignement de sa vérité amoureuse. La chambre d'hôtel symbolise le rapport à son intimité, mais aussi l'étape de son voyage intérieur nécessaire pour aller vers elle-même.
Ces deux garçons symbolisent ses projections vis-à-vis de l'autre sexe. Elle voue une admiration aux personnes douées d'une fibre artistique. Il faudrait entrer dans sa psyché profonde pour comprendre pourquoi son regard se porte en particulier vers ces personnes. Sans doute une forme d'admiration et un complexe d'infériorité. Ce savoureux mélange semble très destructeur, car cela mène systématiquement à des ruptures douloureuses. Cette chambre qui reste ouverte indique à Chloé que cette quête vaine l'empêche d'avoir du discernement et laisse entrer dans son intimité des personnes qui ne sont pas faites pour elle.

☾ Le message du rêve

Alors pourquoi ses deux ex-petits amis se font casser la figure dans la suite du rêve ?
Il s'agit simplement d'un message de son inconscient qui lui demande de détruire son schéma amoureux.

→

Elle n'est attirée que par des personnes qu'elle met sur un piédestal.
Cela révèle son complexe d'infériorité, qui déséquilibre ses relations amoureuses.

La fusion amoureuse

Parfois, la recherche de fusion amoureuse, c'est-à-dire le fait d'exister à travers l'autre, ou à travers le couple, peut nous décentrer de nous-mêmes et de notre chemin. D'après moi, rien ne doit entraver notre autonomie, c'est-à-dire notre capacité à faire des choix, et à les assumer pour nous-mêmes et par nous-mêmes. Si « l'autre » ou « la recherche de l'autre » occupe tout notre espace mental, c'est de nous-mêmes que nous nous privons. Notre libre arbitre est notre capacité à discerner ce qui est bon pour nous de ce qui ne l'est pas, mais il est très difficile d'user de discernement dans la fusion amoureuse. Les couples harmonieux sont le rapprochement de deux êtres autonomes qui partagent sincèrement ce qu'ils sont. Les personnes qui recherchent la fusion amoureuse veulent combler un vide affectif, avec la peur d'exister par elles-mêmes.

L'AUTRE AVANT MOI

Quand la recherche de l'autre occupe tout l'espace,
Comment peut-il en rester pour moi ?

☾ Préambule

Nous allons décrypter une série de rêves de Sabrina et voir comment sa recherche de fusion amoureuse va évoluer jusqu'à la guérison.

LE PREMIER RÊVE

Sabrina est dans une bibliothèque, elle est assise à côté de Luc, son ex-petit ami. Elle lui demande s'il a vécu à l'étranger. Il lui répond que oui, mais qu'il n'y est pas resté longtemps, à cause d'une tempête avec beaucoup d'eau et de vent.
Il lui dit ensuite qu'ils ne peuvent pas se remettre ensemble, car ils revivraient la même chose. Elle s'oppose à cette idée, car elle croit avoir évolué depuis.
Ensuite, Sabrina est chez Luc. Elle a dans son dos la porte vitrée de l'entrée qui laisse passer la lumière. La pièce est très sombre avec un plafond bas, elle distingue de la lumière tout au bout. Dans cette obscurité, elle distingue Luc, un vieux monsieur bougon et un enfant qui dessine. Luc lui précise qu'il a eu cet enfant avec une autre femme.

→

Sabrina lui demande où il habite, mais il ne répond pas. Elle décide d'aller fouiller dans une pièce à côté pour trouver son adresse. Elle trouve sur une enveloppe l'adresse d'une ville à côté de chez elle, elle lui demande s'il y habite. Il lui répond que non.

☾ Connaissance de soi contre rapport amoureux

Dans la première partie de ce rêve, Sabrina est dans une bibliothèque. C'est un lieu de savoir, c'est là que nous avons accès à toutes les connaissances. Dans les rêves, il s'agit des connaissances sur nous-mêmes. Mais elle ne s'occupe pas des livres et de ce qu'elle pourrait apprendre, elle est focalisée sur la présence de Luc, son ex.
Sabrina me précise que, dans la vie, elle n'est plus amoureuse de lui. Il est le symbole du rapport amoureux idéalisé, mais ne matérialise pas le désir de Sabrina de se remettre en couple avec lui.

Elle questionne Luc sur son lieu d'habitation, et ce plusieurs fois dans cette série de rêves.
La présence de Luc à l'étranger marque l'éloignement de Sabrina, qu'elle vit mal. Il lui précise qu'il y a eu une tempête avec beaucoup d'eau et de vent. Les catastrophes naturelles comme les tempêtes, les tornades, les feux sont des symboles de purifications nécessaires pour repartir sur de bonnes bases. Cette séparation était donc salutaire, car à l'étranger, Luc a subi une

purification. Cela indique à Sabrina que ses rêves viennent remettre à plat son rapport à l'amour.
Luc lui dit qu'ils ne doivent pas se remettre ensemble. Il symbolise le schéma amoureux de Sabrina et l'encourage à le quitter. Elle pense avoir humainement grandi et voudrait retourner dans cette relation fusionnelle. Elle pense que l'évolution spirituelle lui permettra de retrouver l'amour. Son inconscient lui propose au contraire de changer de paradigme en amour et de se recentrer sur la connaissance de soi (la bibliothèque).
La première partie de ce rêve montre à Sabrina que ce n'est pas le savoir qui l'intéresse, mais le rapport amoureux.

☾ Je ne m'appartiens pas

Dans la seconde partie du rêve, Sabrina est chez Luc, elle n'est donc pas chez elle. Pourtant, quand on rêve d'un bâtiment dans un rêve, nous rêvons toujours de notre structure, cela veut dire que sa structure n'est pas tournée vers elle, mais vers son rapport amoureux défaillant symbolisé par Luc.
Il y a de la lumière à l'arrière et à l'avant. Cette maison représente comme un tunnel, un passage de guérison obligé avant de pouvoir se réapproprier sa propre structure. L'homme vieux et bougon symbolise le regard obsolète qu'elle porte sur un masculin qu'elle doit moderniser, c'est-à-dire sortir de la dépendance amoureuse pour aller vers l'autonomie affective.

→

L'enfant qui dessine représente sa créativité qu'elle doit se réapproprier.

☾ Recherche de proximité

Obsédée par la relation, elle lui demande où il habite, comme pour savoir s'il est fait pour elle. N'ayant pas de réponse, elle décide d'aller fouiller pour forcer le sort et trouver une adresse à côté de chez elle, mais cet espoir est déçu, car il lui répond qu'il n'habite pas là, il lui signifie ainsi qu'il n'y aura plus de proximité entre eux.

☾ Le message du rêve

Ce premier rêve montre à Sabrina son rapport obsolète et défaillant à la relation amoureuse. Elle est coupée de sa capacité à créer, symbolisée par cet enfant qui dessine.

Le deuxième rêve

À bord d'un beau coupé-cabriolet blanc avec Luc au volant, elle a une vision en hauteur de la voiture, qui lui semble accidentée. Elle emmène la voiture abîmée chez le garagiste. Luc lui annonce qu'il va perdre son travail.

☾ Idéalisation

La voiture et les moyens de transport renseignent le rêveur sur son cheminement. La couleur blanche symbolise souvent l'idéalisation de quelque chose, une sorte de pureté irréelle. Ce coupé sport blanc matérialise un chemin idéalisé, mais dont Sabrina n'est pas maîtresse, car c'est Luc qui conduit. Cette vision du couple idyllique est en fait accidentée, donc pas si idéale que ça. Cette vision élevée indique qu'elle a pris de la hauteur sur le sujet.
Elle décide d'amener la voiture au garage, et Luc, en déclarant qu'il va perdre son travail, annonce qu'il va perdre son rôle prédominant au sein de la structure de Sabrina. Ce n'est plus le rapport amoureux qui guidera la vie de Sabrina, car elle a pris conscience du problème.

☾ Le message du rêve

Nous voyons ici tout l'intérêt de décrypter les rêves. Le premier rêve décrypté a entraîné une prise de conscience chez Sabrina, ce qui lui a permis de prendre de la hauteur.
Elle semble consciente maintenant que quelque chose est dysharmonieux dans sa vie.

→

Le dernier rêve

Dans le dernier rêve de cette série, Sabrina est dans un grand hangar sombre, avec le sentiment d'être dans le futur. Elle fait partie d'une équipe, et ils portent tous des tenues futuristes de combat. Il y a beaucoup de lumière à l'extérieur du bâtiment.

Elle se retrouve devant un grand être malfaisant qui tient un coffre noir de la même taille que lui. Le cœur de Sabrina est au bout d'un tuyau qui traîne par terre. L'être malfaisant piétine trois fois le cœur jusqu'à complètement le broyer.

Sabrina est ensuite ramenée dans une chambre à la suite de sa blessure, elle se sent fatiguée. Cette chambre est lumineuse, elle y trouve sa tante infirmière qui lui conseille du repos.

Un jeune homme de son équipe vient prendre de ses nouvelles, il s'assoit à côté d'elle, et ils discutent. Elle sent un bon feeling entre eux.

Ils se retrouvent ensuite tous les deux dans une cuisine, et elle lui demande où il habite. Il répond qu'il habite près d'un étang, en Dordogne. Elle lui propose de se retrouver à mi-chemin entre chez elle et chez lui.

☾ Une structure à soi

Ce troisième rêve conclut la problématique soulevée par le premier. Ici, Luc n'apparaît pas, ce qui est cohérent avec le dernier rêve où il annonçait qu'il allait

perdre son travail. Mais que va-t-il arriver à Sabrina sans cette recherche de fusion amoureuse. Ce rêve semble y répondre.
Ce hangar sombre est un transfert de la maison sombre de Luc que Sabrina devait traverser. Autrement dit, la maison de Luc s'est transformée en un hangar qu'elle va pouvoir s'approprier pour construire sa nouvelle structure.
Mais elle a le sentiment d'être dans le futur, cette transformation va prendre un peu de temps.

☾ La boîte de Pandore

Cela commence par une phase de combat, c'est-à-dire une phase de rejet d'elle-même motivé par la peur. Cette peur est matérialisée par cet être malfaisant, qui est pourtant là pour elle, pour l'obliger à changer. Cet être tient une grande boîte, il s'agit ici d'une boîte de Pandore. Ce symbole est courant dans les rêves, il s'agit toujours d'entrer dedans pour y découvrir une autre réalité de nous-mêmes.

☾ Je regarde mon cœur

Grâce aux deux premiers rêves, elle a pris du recul sur ses relations amoureuses et peut donc observer symboliquement son cœur à l'extérieur d'elle-même. Elle est toujours reliée à son cœur par un tuyau, ce qui
→

montre qu'elle est toujours attachée à son ancien archétype amoureux. L'être malveillant lui piétine trois fois le cœur, pour l'obliger à abandonner son ancien schéma. Sabrina se retrouve alors à l'intérieur de la boîte de Pandore pour voir qui elle pourrait être en amour si elle dépassait la peur du changement.

☾ Retour à soi

Sabrina se retrouve alors dans une chambre lumineuse, éloignée de l'obscurité des rêves précédents. La chambre est le symbole de l'intime, et dans cette chambre se trouve sa tante infirmière, qui demande qu'on laisse Sabrina se reposer. Cette partie du rêve lui propose un véritable retour à soi, pour qu'elle se place toujours au centre du jeu.

En prenant soin d'elle, elle attire ce jeune homme, avec qui elle semble avoir des choses à partager. En replaçant de façon juste le masculin, cette fois dans une notion de partage et pas de fusion, elle se retrouve dans la cuisine, qui représente dans les rêves notre capacité à créer. Cette capacité était représentée par le petit enfant dans le premier rêve.

☾ Mais alors c'est quoi son adresse ?

Elle lui demande alors, comme à Luc, où il habite, mais cette fois la réponse est claire : il habite près d'un étang

en Dordogne. Il est intéressant de remarquer que Luc ne répondait jamais à la question, alors que le jeune homme de ce rêve y répond clairement.
Un étang est un endroit où il y a de l'eau. C'est donc un symbole de vie. J'ai demandé à Sabrina de me dire deux mots au sujet de la Dordogne, elle m'a répondu que c'était un lieu avec une bonne énergie.
Ce rêve lui indique qu'elle peut attirer à elle des personnes qui lui correspondent. Pour autant, elle ne se perdra pas dans la relation, car elle propose à ce jeune homme de se rejoindre à mi-chemin. Cela symbolise le futur équilibre qu'elle trouvera dans son rapport au masculin et au féminin à l'intérieur d'elle-même, mais aussi dans ses relations amoureuses.

☾ Le message de la série de rêves

Il est intéressant de remarquer, avec ces trois rêves, l'évolution de Sabrina par rapport à la question amoureuse. Dans le premier rêve, la problématique de la relation fusionnelle lui était exposée ; dans le deuxième elle se rendait compte des conséquences que cela avait sur son cheminement et acceptait d'abandonner ce type de relation. Dans le troisième, la possibilité d'une relation harmonieuse et équilibrée lui est révélée.

Problème avec l'argent

Nous avons tous un vide affectif. J'ai remarqué que, de manière un peu caricaturale, il se manifeste de deux façons. Certaines personnes mettent un enjeu très fort sur la relation amoureuse, d'autres créent un enjeu existentiel sur l'argent. L'argent devient alors un sujet d'attention beaucoup trop grand, qui entraîne des angoisses, du stress et monopolise toute l'énergie, si bien que le bonheur est complètement conditionné au compte en banque. Le découvert devient synonyme de dépression, et quelques milliers d'euros créent l'exaltation.

Les rêves peuvent aider à remettre l'argent à sa place, c'est-à-dire à le considérer comme un moyen et non une fin.

Le club des milliardaires

Souvent je n'ai pas le temps,
Car je dois gagner ma vie à côté de laquelle je passe.

☾ Le rêve

Johanna est au club des milliardaires, elle y mange avec un ami de son père et son père. Elle me précise qu'elle ne se souvient plus de ce qu'elle a mangé. Tous les trois ont prévu d'aller ensuite sur l'île de la Tortue.

Dans la suite du rêve, elle n'est pas sur l'île de la Tortue, mais au premier étage d'une petite maison où elle lit un livre de développement personnel sur l'énergie féminine. Au rez-de-chaussée, se situe un restaurant où elle retrouve deux amies pour manger des mets délicieux.

☾ Existentialité financière

Avec un tel nom, « le club des milliardaires », il n'est pas difficile de comprendre que le rêve parle du rapport à l'argent de Johanna.
Ce club est aussi un restaurant. Dans les rêves, les restaurants illustrent la façon dont nous nous nourrissons de la vie. Johanna réduit ce que peut lui offrir la vie à l'argent.
Je lui ai demandé de me dire deux mots au sujet de son père et de cet ami. Elle m'a dit que son père était plutôt radin, et que cet ami était généreux, mais pauvre.
Le rêve expose à Johanna les méandres dans lesquels elle se perd au niveau financier. Elle aimerait que la vie lui apporte la richesse, mais oublie de savourer son repas, dont elle ne se souvient plus.
Il est à noter qu'elle est au contact de deux hommes. C'est souvent notre énergie masculine qui, par orgueil, associe notre existentialité à nos finances.
Le rêve indique au travers de la destination de ce petit groupe, « l'île de la Tortue », que cette obsession pour l'argent lui fait perdre du temps dans sa vie, et que le

→

fait d'y penser ne crée pas l'argent, mais au contraire la ralentit dans son cheminement. La suite du rêve va lui révéler une autre façon de voir les choses.

☾ Décorrélation de l'argent

Johanna est au-dessus d'un restaurant et lit un livre de développement personnel sur l'énergie féminine. Cette hauteur sur le restaurant et cette lecture sont une invitation à prendre du recul sur sa façon de se nourrir de la vie. C'est l'énergie féminine qui s'exprime au travers de cette lecture et de ses deux amies.
Elle me précise que c'est avec ses deux amies qu'elle a récemment fait une retraite spirituelle. Cette partie du rêve est donc une invitation au retour à soi et à une décorrélation de l'argent et de la vie. Le plaisir dans le moment présent est lié à l'énergie féminine, le fait de prendre soin de soi ou de bien manger en fait partie. L'orgueil masculin empêche souvent ce rapport au plaisir.
Il est intéressant de remarquer que, dans le club des milliardaires, Johanna ne se souvient plus de ce qu'elle mange. Le repas ne semble pas avoir de saveur. Quand nous cherchons à « nous gaver », nous ne prêtons pas attention aux informations que nous envoie notre palais. Éloignée de cette obsession pour l'argent et reconnectée à elle-même dans la deuxième partie du rêve, Johanna trouve le repas délicieux. C'est au plus proche d'elle-même qu'elle peut apprécier ce que la vie lui offre.

☾ Le message du rêve

Le rêve montre à Johanna que la notion d'abondance est totalement déconnectée de l'existentialité financière, mais reliée à notre capacité à prendre du plaisir dans la vie.

Résistance au changement et développement de ses potentiels

Parfois, une vision du monde trop forte ou caricaturale peut être un frein à notre épanouissement et matérialise le refus de l'ordre ou du chaos. Si notre vie ne nous ressemble pas, nous développons des frustrations qui se projettent à l'extérieur de nous-mêmes sur les sujets souvent politiques. Nous nous transformons alors en redresseurs de torts.

L'armée ou la police matérialisent dans les rêves une résistance au changement, la non-acceptation de notre chaos intérieur. Il est plus simple de tout contrôler en mettant de l'ordre partout dans sa vie.

Il y a généralement une symétrie entre notre vie intérieure et notre vision du monde extérieur. Plus nous acceptons notre chaos intérieur, plus notre vision du monde sera tolérante. J'ai compris cela à travers un rêve. Je me battais dans une armée contre un ennemi féroce, mais au milieu du rêve, j'ai changé de camp. Mon besoin d'ordre et mon besoin de renouvellement s'opposaient, mais je faisais partie des deux camps. J'ai compris qu'il n'y avait pas d'ennemi, mais deux parties de moi qu'il fallait faire cohabiter.

Opposition entre chaos et ordre

Il n'y a d'ennemi qu'en apparence,
Car en vérité tout est nous.

Le premier rêve

Anaël est dans une grande pièce sombre avec un lit superposé et un enfant sur la couche supérieure. Elle voit ensuite un couloir avec des portes fermées, elle sait que derrière ces portes des enfants dorment.
Elle est ensuite avec des adultes qui lui annoncent que la bataille entre le bien et le mal va commencer. Elle répond qu'ils ne peuvent pas gagner, car le mal sera toujours plus fort. Pour se préparer à la bataille, elle demande à son père les formules d'Harry Potter. Elle remarque la présence d'une amie handicapée. Anaël me précise que dans la vie cette amie est vraiment handicapée, que c'est une personne râleuse, revendicatrice et en colère.
Anaël voit ensuite arriver un bus avec des gens mauvais. Les personnes sortent du bus avec une attitude de méchants un peu caricaturale.

☾ Prendre de la hauteur

Il s'agit comme toujours de bien comprendre les éléments introductifs pour déterminer la problématique évoquée par le rêve. Anaël est dans une pièce inconnue : le rêve va lui révéler un élément méconnu. Elle voit un enfant qu'elle ne connaît pas en haut d'un lit superposé : les enfants représentent des potentiels créatifs, qu'elle n'a pas encore identifiés ici. Le lit superposé évoque une prise de hauteur.
Anaël doit prendre de la hauteur pour découvrir et exprimer sa créativité.
Mais de la hauteur par rapport à quoi ? La suite du rêve va nous le révéler.

Ce couloir aux portes fermées avec des enfants qui dorment dans chaque pièce renforce l'idée qu'Anaël n'a pas accès à ses potentiels. Cette prise de hauteur est indispensable avant la révélation de ses capacités.

☾ Ordre contre chaos

La suite du rêve évoque le rapport au bien et au mal d'Anaël, comme deux énergies qui se font face. Au travers du symbole de son père, qui vient sans doute évoquer un masculin guerrier, elle veut prendre part à cette lutte en utilisant des formules magiques.

→

Cette partie du rêve évoque aussi la bataille de l'ordre (masculin) contre le chaos (féminin). Mais sans désordre, il ne peut y avoir de renouvellement, d'opportunités nouvelles, et donc d'expression créative. Anaël oppose ces deux énergies plutôt que de les voir comme complémentaires. Elle résiste à son propre changement.

☾ Ma vision, mon handicap

Mais que vient évoquer cette amie handicapée ? D'après moi, cela montre à Anaël que cette lutte est son handicap. Cette vision du monde la rend, comme son amie râleuse, revendicatrice et en colère. Le fait que ses potentiels restent inaccessibles développe une frustration inconsciente qui engendre cette colère.
Quand les méchants arrivent, elle les perçoit comme caricaturaux. Son rêve lui signale que sa vision du monde et du chaos est réductrice et manichéenne.

Le second rêve

Dans son second rêve, Anaël est chez l'opticien avec sa mère, qui a la même coupe de cheveux et la même tenue qu'elle. Sa mère veut acheter des lunettes sans correction, Anaël lui dit que ça ne sert à rien.

☾ Changer de regard

Au travers de sa mère qui porte la même tenue qu'elle, c'est son féminin qui lui transmet un message. Si avec son masculin (son père dans le premier rêve), elle voulait lutter contre le mal, son féminin ici l'invite à regarder le monde tel qu'il est, sans correction (sans jugement), en acceptant le chaos et le désordre inhérents à la vie.

☾ Le message des rêves

Ces deux rêves semblent dire à Anaël que sans une harmonie avec le monde tel qu'il est, elle ne pourra pas découvrir et exprimer ses potentiels représentés par ces enfants.

Elle devrait changer son regard sur le monde, accepter son imperfection et sortir du manichéisme pour se recentrer. Sa résistance au changement se manifeste par un désir d'ordre, alors que l'énergie du chaos est le terreau des opportunités. Le développement des potentiels passe par la cohabitation entre l'ordre et le chaos en soi.

Mieux sélectionner notre entourage

Dans les rêves, toutes les intrusions, les cambriolages ou les effractions dans des lieux personnels comme la maison, le bureau ou la voiture nous renseignent sur notre capacité à nous protéger. Se protéger ne veut pas dire s'isoler, mais que notre intimité doit être réservée à des personnes bienveillantes. Nos rêves, par ce symbole, mettent en lumière nos difficultés sur ce point, en nous rappelant que cela relève de notre responsabilité.

Bloquée dans mon cheminement

Être sélectif est ma responsabilité,
Sinon je suis bloqué.

☾ Le rêve

Tania est au volant d'une voiture, prête à partir, quand quelqu'un ouvre la porte arrière et commence à lui voler ses affaires. Elle ne sait pas si elle doit détacher sa ceinture pour éloigner cette personne. Elle ressent alors un fort sentiment d'injustice, car personne ne l'aide.

☾ Sélection de l'entourage

Tania au volant est prête à partir, cela veut dire qu'elle est prête à s'engager dans une nouvelle direction, mais le rêve l'alerte que quelque chose l'en empêche. Une personne pénètre dans sa voiture, donc dans son espace personnel, pour lui prendre ses affaires. Tania ne sait pas comment réagir et hésite à retirer sa ceinture de sécurité. Elle craint la confrontation et préfère rester retranchée. En refusant d'accepter qu'il s'agit de sa responsabilité de se protéger, elle cultive un sentiment d'injustice, car personne ne vient l'aider.

Les intrusions dans les rêves marquent notre incapacité à sélectionner des personnes sincères et bienveillantes pour nous accompagner et à repousser les autres. En sortant de l'enfance, nous devenons responsables de nos choix. Cette sélection ne peut être faite que par nous, le rêve le rappelle à Tania.

☾ Le message du rêve

Le lieu a une importance. Ici l'intrusion a lieu dans sa voiture, cela vient spécifier que Tania est bloquée dans son cheminement. Si c'était son bureau qui était cambriolé, cela signifierait que c'est au niveau professionnel que Tania ne s'entoure pas des bonnes personnes.

Problème de légitimité

Quand, dans un rêve, nous organisons un cambriolage, c'est un tout autre message qui nous est transmis. Cela met en lumière un manque de légitimité ressenti dans un domaine, souvent en rapport avec le travail. Les cambriolages dans les rêves ont fréquemment lieu au bureau. Nous allons voir à travers deux exemples que ce sentiment d'illégitimité est lié à une mauvaise connexion intérieure. Ce qui est particulièrement intéressant avec ces deux rêves, c'est que le début expose chaque fois la problématique, et que la fin apporte la solution.

CONNEXION À L'INSPIRATION

Si je donne vraiment,
Je serai légitime,
Mais qu'est-ce que donner ?

☾ Le rêve

Anaël est au bureau et vole un objet à son patron, qui envoie alors deux employés à sa poursuite. Elle essaie de courir, mais ne réussit pas à avancer. Elle se rend alors compte qu'elle est pieds nus. Elle aperçoit ses sandales jaunes et demande à son ami Jimmy de les lui apporter. Ils se mettent tous les deux à courir, ils sortent et arrivent sur un quai face à la mer.

Anaël est ensuite dans un immeuble, quand elle se rend compte qu'elle a oublié son téléphone chez sa cousine Sarah.
Elle monte les escaliers jusqu'au septième et dernier étage. Plus elle chemine, plus cela devient étroit. Au dernier étage, il n'y a pas de porte, juste une fenêtre sans lumière. Elle entend des petites voix de l'autre côté.

☾ Rayonner ou travailler ?

Anaël est au bureau, le rêve nous parle donc de son rapport au travail. Voler un objet dans les rêves ou organiser un cambriolage met en lumière un manque de légitimité. Cela veut dire que nous ne nous accordons inconsciemment pas le droit d'obtenir une position, que nous usurpons notre place. Le fait de devoir voler montre que nous avons le sentiment de ne pas vraiment donner, et donc de ne pas être légitime pour recevoir.

Son patron, qui symbolise son rapport au travail, lui envoie deux employés qui la poussent à s'enfuir. Autrement dit, son inconscient la pousse à sortir du bâtiment, donc à changer de système. Seulement, elle n'y arrive pas et fait du surplace jusqu'à ce qu'elle aperçoive ses sandales jaunes, qui sont associées dans le rêve à son ami Jimmy. Anaël me dit que Jimmy est beau et charismatique. Autrement dit, Jimmy rayonne comme les sandales de couleur jaune. Ce sont des

→

sandales, pas des chaussures de ville ni des baskets. Tous ces éléments indiquent à Anaël qu'elle doit aller vers sa propre beauté et sa capacité à rayonner dans une forme plus détendue d'elle-même.
Elle arrive alors sur le quai face à la mer, donc face à sa propre vie.

☾ Sortir de l'isolement

Ensuite, Anaël est dans un autre bâtiment, qui représente sa nouvelle structure professionnelle. Elle a oublié son téléphone chez sa cousine Sarah. Le téléphone est un outil de communication qui illustre notre rapport social. Anaël me dit que Sarah est une personne calme et isolée qui exprime peu ses émotions.
La perte du téléphone signifie qu'Anaël doit abandonner cette peur de l'autre et reconnecter à ses émotions.

☾ Développer l'inspiration

Anaël remonte alors dans sa structure pour connecter au septième chakra (le lieu de l'inspiration), mais le cheminement est de plus en plus difficile. Il y a pourtant derrière cette petite fenêtre sombre des voix qui symbolisent sa future inspiration, qu'elle devra apprendre à s'approprier et qui pourra lui être utile au niveau professionnel.

☾ Le message du rêve

Le rêve indique à Anaël que, pour sortir de ce sentiment d'illégitimité et d'une forme d'isolement, elle doit amadouer son inspiration pour sortir de l'anonymat et donner au monde des productions plus personnelles.

Résignation

Si je ne me sens pas légitime dans un domaine
Amour, travail, social…
C'est qu'une connexion se fait mal.
Le rêve d'Anne va le lui révéler.
Mais va-t-elle continuer ou changer ?

☾ Le rêve

Anne est dans un pensionnat. Elle organise avec Lilou et Liora un cambriolage de manière très méticuleuse. Elle me précise que Lilou et Liora sont à la fois des amies et des clientes dans la vie. Il y a également trois ou quatre garçons qu'elle ne connaît pas. Elle ressent une très bonne ambiance dans l'équipe, et ils sortent dans la nuit tous ensemble avant de faire le cambriolage.
Liora commence à se plaindre d'un des garçons, elle lui reproche son incompétence, puis d'être un mauvais

→

coup au lit. Le garçon menace de dénoncer le cambriolage à la police. Le chef d'équipe dit à tout le groupe qu'ils ne risquent rien, que l'organisation est infaillible, même si la police était au courant.

☾ Interconnexion entre l'intime, le social et le professionnel

Cette première partie du rêve est déjà riche en éléments à interpréter. Comme d'habitude, je vais d'abord tenter de comprendre ce que m'indique le lieu de l'action. Le pensionnat est un lieu impersonnel, où la vie est communautaire, avec des règles rigides souvent associées à l'enfance ou à l'adolescence. C'est un lieu dans lequel il est difficile d'avoir une intimité. Les deux amies présentes sont aussi des clientes.

Je dirais que les premiers éléments nous indiquent une forme de confusion, de non-séparation d'éléments qui devraient être distincts : l'intime, le social et le professionnel semblent interconnectés.

Il y a un petit accès à la liberté au travers de cette sortie nocturne, mais qui semble comme limité, voire interdit par les règles strictes du pensionnat. Cette sortie apparaît comme une petite prise de pouvoir par cette équipe qui est prête à s'affranchir des règles. L'organisation du cambriolage renforce cette idée qu'elles ne sont pas légitimes, pas assez matures pour vivre cette liberté. Il semble qu'Anne respecte encore des limitations qui

lui ont été imposées dans l'enfance et l'adolescence. Le rêve tend à dire que cela a des conséquences au niveau de l'intime, du social et du professionnel.
La première partie du rêve plante le décor, la seconde partie va expliquer pourquoi Anne n'arrive pas à s'émanciper de ses limitations.

☾ Dysharmonie féminin/masculin

Être libre veut dire être autonome, capable de sortir des normes pour exprimer sa liberté. Cette partie du rêve explique à Anne pourquoi elle reste bloquée dans ce pensionnat et préfère organiser des cambriolages plutôt que de vivre sa vie. Être autonome passe par un fonctionnement harmonieux de notre masculin et féminin intérieurs. Cette partie du rêve montre la dysharmonie intérieure d'Anne. Le féminin fait pousser les opportunités, que le masculin doit savoir cueillir et replanter. Quand Liora fait des reproches à l'un des garçons : le rêve nous montre que le féminin d'Anne castre le masculin et bloque le système. Ce dysfonctionnement intérieur a sûrement des conséquences dans son rapport affectif, social et professionnel.
Le chef d'équipe représente un point de vue plus élevé, lequel semble conscient de cette structure et laisse perdurer ce système, donc le cambriolage se faire. La réharmonisation du masculin et du féminin prendra du temps, et il faut bien continuer à avancer.

→

☾ Le message du rêve

L'inconscient d'Anne semble se résigner à cette structure dysharmonieuse. Le cambriolage apparaît comme inéluctable, même si la source du dysfonctionnement est exposée à la fin du rêve. Le manque de légitimité va perdurer quelque temps.

Sexualité décryptée

Qu'est-ce qui motive notre sexualité et nos fantasmes ? Les pulsions sexuelles sont souvent reliées à des énergies violentes. Ces fantasmes sont le fruit de nos frustrations. Nous y rencontrons notre besoin de domination ou de soumission.

Revanche et domination

Parfois violentes,
Souvent incomprises,
Toujours inavouables,
D'où viennent nos pulsions ?

Sabrina fait trois rêves récurrents. Ils sont d'après moi l'expression de la même problématique.

Le premier rêve

Sabrina rêve très souvent de sa sœur. Chaque fois, elle ressent de la colère et lui crie dessus. Dans la vie, Sabrina me dit qu'elle a une relation difficile avec sa sœur, pleine d'amour, mais elle s'est toujours sentie effacée et inférieure.

Le deuxième rêve

Sabrina fait quasiment quotidiennement des rêves érotiques très puissants. Elle s'y masturbe un pénis qu'elle possède en plus de son vagin.

Le troisième rêve

Sabrina a un troisième rêve récurrent, dans lequel elle trompe toujours ses petits amis.

☾ Besoin de revanche

Pour moi, ces trois rêves sont totalement liés l'un à l'autre et renvoient à la même problématique. La sœur de Sabrina révèle son complexe d'infériorité. Elle se sent effacée vis-à-vis de sa sœur, mais sans doute également socialement. Il semble que cela entraîne chez elle

→

de grandes frustrations et beaucoup de colère. Cette colère manifeste son insoumission, voire son désir de revanche et de domination. Le pénis est un symbole de domination, comme toutes les protubérances, que cela soit une grande épée, un building ou autre. Son rêve indique à Sabrina qu'elle jouit de ce sentiment de domination et de revanche.

☾ La chasse

Sabrina, en trompant ses petits amis, nous montre son besoin de chasser. La chasse est une façon masculine de se nourrir et de dominer la nature. Voilà une autre expression du besoin de dominer de Sabrina. Dans ses rêves, elle a toujours besoin d'une proie. Le sentiment d'infériorité va de pair avec un besoin de dominer. Ces rêves montrent à Sabrina la manifestation de ses deux penchants, mais il faut bien comprendre que c'est le sentiment d'infériorité qui nourrit son besoin de dominer. En arrivant à briller par elle-même et à exister socialement, elle devrait se séparer progressivement de ce besoin de jouir par la domination.

☾ Le message des rêves

Il est intéressant de remarquer comment nos frustrations sociales influencent nos pulsions sexuelles. Il existe comme un balancier entre les deux, les unes alimentant les autres sans arrêt. Je crois que le seul moyen d'arrêter ce jeu infernal est la prise de conscience.

Chapitre 3
LE PLAN DE LA PSYCHÉ

Nous arrivons maintenant à la troisième phase de notre relation aux rêves. Quand les espaces sont libérés, que les liens entre inconscient et conscient sont désobstrués, les rêves peuvent nous révéler le plan de notre psyché. Il s'agit d'un véritable mode d'emploi de nous-mêmes. Ils nous montrent notre structure en intégralité, nos modes de fonctionnement, notre beauté, mais aussi les écueils dans lesquels nous pouvons tomber. Ce plan est autant intérieur qu'extérieur, car vous avez compris qu'il y a d'après moi une symétrie parfaite entre les deux. Notre psyché et les expériences que nous vivons sont des expressions de nous-mêmes qui fonctionnent en miroir. Il faut cependant savoir que tout le monde n'atteint pas cette phase ; il est en effet très rare d'atteindre le plan de sa psyché par ses rêves.

La psyché est l'ensemble des éléments constitutifs de notre personnalité consciente ou inconsciente. Au centre de notre psyché se trouvent et une vision du monde simple et notre façon d'y exister. Ces éléments projettent dans notre univers un ensemble d'expériences avec lesquelles nous interagissons. Ces interactions font grandir et évoluer notre psyché.

Il y a donc d'après moi une interaction permanente entre la psyché et les expériences qu'elle attire. La façon dont nous allons interagir avec l'expérience constitue notre libre arbitre, avec la possibilité d'évoluer ou au contraire d'involuer. Nos choix peuvent nous faire grandir ou au contraire entraîner un repli sur nous-mêmes.

Comprendre sa psyché, c'est se comprendre soi-même, mais surtout comprendre les expériences que nous attirons. Pourquoi j'attire toujours ce type de relation ? Pourquoi je reproduis toujours certains schémas ? Pourquoi je me sens bloqué ?

Contrairement aux rêves classiques que nous avons étudiés jusqu'ici, le plan de la psyché nous montre des valeurs et des croyances immuables. Nous ne pourrons pas nous en séparer, mais plutôt apprendre à vivre avec et à les gérer. Ces éléments structurants qui nous sont propres se manifesteront à tous les moments de notre vie, de notre état d'esprit du moment jusqu'à chacun de nos choix. Être maître de soi, c'est apprendre à maîtriser ce plan, par sa connaissance, et par notre capacité à tempérer nos zones d'ombre et à exprimer notre lumière.

LA PSYCHÉ DE L'ENFANT : LE RÊVE DE KILIAN

Kilian a quatre ans et demi.

Avant cet âge, les interactions avec la vie se résument souvent à celles avec la mère. À partir de quatre ans, l'enfant commence à conceptualiser son premier rapport au monde.

Le rêve de Kilian révèle le plan de sa psyché. D'après moi, la plupart des éléments structurants de sa future personnalité sont présents dans ce rêve : sa vision du monde, sa façon d'y exister, et sa façon d'attirer les expériences et de les vivre.

Comme Kilian a quatre ans, son rêve expose le « tronc de l'arbre de sa psyché », c'est-à-dire les éléments constitutifs principaux autour desquels viendront se greffer au fil de ses expériences toutes les ramifications, toutes les branches de l'arbre de sa psyché qui complexifieront sa personnalité.

Grandir

☾ Le rêve

Kilian, accompagné de son doudou Pinpin, regarde un lac. Il y observe un poisson en danger. Il va dans l'eau avec Pinpin dans les bras pour secourir le poisson. Un aileron tourne autour de lui. Un requin sort de l'eau pour mordre l'oreille de Pinpin. Kilian souffle alors dans une trompette et fait fuir le requin.

→

☾ L'enveloppe de protection

Kilian est devant un lac. L'eau est le symbole de la vie et du féminin. Le lac est une eau « sans vagues », une eau calme et sans danger. Dans le liquide amniotique, les bébés sont également dans une eau calme, protectrice, qui atténue les mouvements de la vie. À la naissance du bébé, la mère fait tout pour prolonger cette expérience de protection le plus longtemps possible. Mais à l'âge de quatre ans, l'enfant sort de cette enveloppe et découvre l'altérité.

☾ L'altérité

Kilian observe un poisson. Ce poisson dans l'eau, donc dans la vie, n'est pas en sécurité. Kilian découvre au travers du symbole de ce poisson sa propre vulnérabilité. Il sort de cette zone de protection contemplative et devient acteur de sa vie en décidant de secourir le poisson. Il pénètre dans l'eau, il entre en interaction avec la vie.

La première vision de la vie et de l'existentialité de Kilian est posée par cet acte. Il voit la vie comme dangereuse et va exister en aidant plus vulnérable que lui. Le danger prend alors forme avec cet aileron. Le requin est sous l'eau, le danger est inhérent à la vie. Les requins ne vivent pas dans les lacs, mais dans des eaux plus agitées comme les mers ou les océans. La vision de cet aileron marque la sortie définitive de Kilian de cette eau calme, du liquide amniotique, pour entrer dans la vie et ses zones de turbulences.

☾ Existentialité

Le requin attaque l'oreille de Pinpin, mais que représente ce doudou dans ce rêve ?
La maman de Kilian m'a précisé qu'il avait ce doudou depuis sa naissance. Pinpin, présent dans la vie de l'enfant depuis toujours, représente un prolongement de lui-même, comme un double. Le requin ne mord pas l'oreille de Kilian, mais celle de Pinpin, son double sans défense. Nous assistons à un dédoublement de la personnalité de Kilian qui extériorise sa vulnérabilité, d'abord au travers de ce poisson, puis de son doudou. En extériorisant sa vulnérabilité, il peut rester fort et faire fuir le requin avec sa trompette.
En mordant l'oreille de Pinpin, le requin attaque la capacité d'écoute du double vulnérable de Kilian. Celui-ci, grâce à cette vulnérabilité extériorisée, sera capable d'écouter la souffrance des personnes fragiles. Il utilisera alors une trompette, qui symbolise l'amplification de sa capacité d'expression, pour repousser le danger.

☾ La psyché de Kilian

Dans une vision d'un monde dangereux et agressif, Kilian, en extériorisant sa propre vulnérabilité, existera
→

par sa capacité d'expression et son éloquence pour aider les personnes fragiles et repousser l'hostilité.
Il pourrait aussi entrer dans un déni de sa vulnérabilité et s'éloigner de sa propre sensibilité, n'existant plus que par son éloquence.
L'avenir nous dira si ce plan de la psyché de Kilian s'avère pertinent. Sur cette trame vont s'accumuler des couches d'expériences qui vont complexifier sa personnalité en rendant moins accessibles les fondements que j'ai décrits ici.

☾ Le pouvoir créateur de la psyché

Quelques jours après ce rêve, en revenant à la maison, Kilian et sa maman ont trouvé un oiseau blessé par leur chat. Kilian a instinctivement décidé de soigner l'oiseau.
Je vois ici le pouvoir créateur de la psyché de Kilian, qui a attiré à lui la possibilité de s'occuper d'un être fragilisé.

☾ Le message de la maman de Kilian

« Mon mari et moi avons été très surpris par la pertinence de l'interprétation de Mike. Concernant le lac, calme et protecteur, nous reconnaissons le cocon dans lequel Kilian a la chance de grandir. Nous vivons dans un petit village de montagne bien à l'abri du stress extérieur. Kilian m'a

récemment confessé être conscient de cette chance. Nous commençons doucement à lui parler des "dangers" extérieurs, et que tous les humains et animaux ne sont pas tous des "gentils". Dès tout petit, Kilian a montré des instincts protecteurs et soigneurs. Il attire beaucoup les animaux, pose sa main pour soulager les douleurs, sauve les petits insectes de la noyade…

Il s'est exprimé très tôt, et ses phrases sont construites avec un vocabulaire très riche qui lui permet d'argumenter et de s'affirmer. Son expression verbale vient compenser sa petite taille actuelle.

Effectivement, Kilian a beaucoup de mal à accepter sa vulnérabilité. Il réagit très fortement et avec beaucoup de tristesse lorsqu'on le gronde en lui expliquant un danger ou lorsque quelqu'un le traite de "bébé".

Oui, son Pinpin est un peu un "autre lui-même". L'année dernière, parfois même à sa demande, nous faisions "parler" Pinpin pour qu'il puisse discuter avec lui et lui confier ses problèmes. Concernant l'écoute, oui, elle est très développée chez lui. »

LE PLAN DE LA PSYCHÉ DE JOHANNA

La psyché d'un adulte est plus complexe, plus complète. Les rêves nous révèlent nos zones d'involution et d'évolution. Le voyage dans ce plan est une découverte de nous-mêmes, nous montrant les parties à maîtriser pour éviter de tomber dans nos écueils, ainsi que des zones d'épanouissement et d'expression.

La plupart des rêves illustrent des problématiques contextuelles, nous indiquant les changements à opérer. Les rêves qui dévoilent la psyché montrent des éléments immuables, structurant notre vie ainsi que les expériences que nous avons et allons attirer à nous. Déchiffrer notre psyché permet de mieux analyser notre histoire, de comprendre nos comportements, nos blocages, d'anticiper et d'éviter de renouveler des expériences négatives, afin de nous aligner avec la part la plus constructive de notre être.

Le plan de la psyché d'un adulte est une mosaïque avec en son centre notre fonctionnement harmonieux, qui n'est pas parfait, mais adapté à nous.
En périphérie se trouvent généralement nos peurs et nos écueils, que nous devons apprendre à connaître, à accepter et à appréhender avec maturité. En les reconnaissant comme des parts de nous-mêmes, nous pouvons prendre de la hauteur et éviter de nous y perdre.

Rêve 1 : Possibilité d'involution

☾ Préambule

Johanna a fait un grand travail d'introspection par les rêves. Plusieurs thématiques ont été libérées. En décryptant cette série de rêves, nous avons rapidement compris qu'il s'agissait du plan de sa psyché. Nous allons descendre couche par couche jusqu'au centre de celle-ci pour remonter en lumière dans les derniers rêves.

Le premier rêve va nous montrer sa forte appétence pour l'adoption d'une position de repli. Cette envie de nous replier et de stagner plutôt que d'avancer fait partie de nous tous et se matérialise différemment en fonction de chacun. Ce premier rêve illustre cette possibilité d'involution dans la vie de Johanna.

☾ Le rêve

Johanna apprend le décès de son ex-mari Pierre-Alain. Elle est hors d'elle, car personne ne l'a informée. Elle tente de contacter les amis et les parents de Pierre-Alain, sans succès. Elle est pleine de chagrin et se sent démunie.

→

☾ Sécurité et confort

J'ai demandé à Johanna de me dire quelques mots au sujet de son ex-mari et de me décrire sa relation avec lui. Je précise qu'il est vivant.
Johanna et lui avaient des envies très différentes dans la vie. Il était plutôt casanier alors qu'elle voulait explorer le monde ; pourtant, elle s'est positionnée dans le couple de manière « traditionnelle », s'occupant de la maison.
Au travers du symbole de cette relation, le rêve lui indique comment elle a attiré le blocage dans sa vie, trouvant une sécurité, une forme de confort dans la stagnation. En attirant dans son existence une personne qui venait annihiler son énergie de vie, et en se positionnant de manière traditionnelle dans le couple, Johanna a bloqué son cheminement.

☾ L'impossibilité de la rupture

Par le décès de Pierre-Alain, il est proposé à Johanna de rompre avec cette énergie d'isolement. Il est intéressant de remarquer sa frustration et l'énergie qu'elle déploie pour maintenir un lien avec cette relation. Elle contacte tout l'entourage de Pierre-Alain, comme pour conserver cette expérience qu'elle juge pourtant négativement aujourd'hui. C'est un jeu d'accordéon, d'attraction-répulsion avec cette énergie d'involution.

☾ Le message du rêve

Le rêve nous révèle l'appétence de Johanna pour la stagnation. La peur du mouvement entraîne sans doute ce besoin de ne pas rompre le lien avec la possibilité du repli.
Cet écueil étant révélé par la lecture de la première couche de sa psyché, il est de sa responsabilité de faire les choix qui l'éloignent de cette possibilité d'involution.

Rêve 2 : Masculin et respect des normes

☾ Préambule

Le deuxième rêve de Johanna va nous montrer un autre aspect de ce blocage, en en dévoilant l'origine. Les rêves se complètent l'un l'autre tout en entrant plus en profondeur dans sa psyché.
Le blocage du premier rêve est le fruit de plusieurs couches plus profondes autour d'un noyau qui se révélera au fur et à mesure de cette série de rêves. Chaque couche révélera un aspect de la personnalité de Johanna.

→

☾ Le rêve

Johanna voyage et trouve le moyen de contourner « les limitations » liées à la Covid. Elle voit son amie Patricia faire la promotion de Hong Kong sur les réseaux sociaux. Celle-ci y explique comment contourner les contraintes réglementaires.

Johanna est ensuite en charge d'une équipe. Elle raconte à son père comment cette équipe respecte les règles alors que, d'après elle, ce n'est pas nécessaire.

La suite du rêve est assez confuse, les deux parties de son équipe discutent au sujet de la réglementation et demandent à la police de vérifier leur laissez-passer.

Johanna retourne alors voir son père pour lui dire que plus personne ne souhaite obéir.

À la fin du rêve, Johanna est avec une copine qui semble confiante alors qu'il pleut des bombes, elle cherche alors une cabine téléphonique pour voir comment ça s'organise.

☾ Contourner les normes

La première phrase qui parle de « limitations » fait directement référence à la limitation de Johanna abordée dans le premier rêve. Mais celui-ci pose le contexte différemment, car cette fois-ci elle voyage et trouve le moyen de les contourner. La problématique est donc dès le début très clairement posée. Ce rêve permettra d'identifier l'origine de ces limitations ainsi que le moyen de « les contourner ».

☾ Féminin

Johanna voit ensuite Patricia faire la promotion de Hong Kong sur les réseaux sociaux. Elle me précise que son amie est entrepreneuse, féminine, spirituelle et qu'elle a beaucoup de succès. Pour Johanna, Hong Kong est un lieu futuriste, d'innovation et d'expansion. Il y a une opposition entre la possibilité d'expansion symbolisée par ce personnage féminin entrepreneur à succès et la ville de Hong Kong, et son ex-mari qui symbolisait la limitation.

Patricia explique alors comment contourner les contraintes réglementaires liées à la Covid. Toutes les contraintes réglementaires ou « normatives » sont des symboles du masculin qui, plutôt que d'accepter la possibilité du chaos, préfère par peur encadrer, normer, réglementer. Un masculin bien positionné va accepter et analyser le contexte sans le juger et utiliser l'impulsion de vie féminine pour créer.
Ici, le féminin de Johanna indique qu'il faut contourner ce masculin normatif.

☾ Débat intérieur

Je n'ai pas été étonné que le père de Johanna apparaisse dans la suite du rêve.
Le fait qu'elle ait la charge d'une équipe et qu'une partie soit encline à respecter ces normes lui révèle

→

ses contradictions à ce sujet. Une partie d'elle-même souhaite se conformer aux normes par facilité, confort et sécurité, bloquant ainsi tout mouvement, alors qu'une autre partie souhaite s'en émanciper pour se rapprocher du symbole de Patricia et de Hong Kong pour avancer.

Ce conflit intérieur, elle l'expose à son père, comme s'il en était le dépositaire, la référence. Johanna a sans doute hérité ce modèle normatif de lui, mais peut-elle vraiment s'en défaire complètement ? La présence de la police marque ses réticences. Elle dit à son père que d'après elle, il n'y a pas lieu de se référer à cette réglementation. Cela marque sa prise de conscience que, par la connaissance et la maîtrise de cet héritage paternel, elle peut s'en émanciper.

☾ Le message du rêve

Ces deux premiers rêves sont en lien l'un avec l'autre, mais celui-ci permet de comprendre les mécanismes ancrés plus profondément. Si Johanna, par le choix et la maîtrise de ce conflit intérieur, réussit à s'émanciper de ces normes, sera-t-elle totalement libre d'être elle-même ?

Cette copine confiante alors qu'il pleut des bombes à la fin du rêve en cherchant une cabine téléphonique indique à Johanna d'aller chercher dans les couches plus profondes de sa psyché.

Cette femme me paraît un transfert de Patricia du début du rêve. En comprenant le côté limitatif des normes masculines, elle peut être en confiance au milieu des bombes. Pour autant, est-elle libre de créer et de s'exprimer dans ce terrain qui semble toujours hostile ? La réponse est non d'après moi. Elle prend le téléphone pour transmettre un message à Johanna : « Comment on s'organise ? » Maintenant que ce masculin défaillant a été identifié, comment prendre le chemin de l'expression et de l'expansion ? Sans un masculin correctement positionné, impossible d'avancer. D'après moi, la question complète est : comment le féminin et le masculin de Johanna vont-ils s'organiser pour arriver à un fonctionnement harmonieux et lui permettre d'avancer ?

La réponse se trouve dans les couches inférieures du plan de la psyché de Johanna.

Celle-ci, en comprenant cette couche de sa psyché, sait maintenant qu'elle n'est pas faite pour rester dans un certain conformisme normatif qui la mènera vers une régression.

En étant vigilante avec les choix qui lui sont proposés et en calmant ce conflit intérieur, elle arrivera à aller de l'avant et à se rapprocher d'elle-même.

Rêve 3 : La position du redresseur de torts

☾ Préambule

Le nouveau rêve de Johanna nous permet de descendre une couche plus bas dans sa psyché. Il s'agit du dernier étage avant la pièce centrale. Ce rêve reprend les éléments du précédent par la question qui était posée : « Comment on s'organise ? »
Il va également plus loin en nous montrant comment l'énergie de Johanna se disperse dans une énergie destructrice quand elle préfère se référer à la norme.

☾ Le rêve

Johanna cherche des sources d'eau chaude avec ses deux amies Jeanne et Caroline. Celles-ci parlent de Mohamed en précisant qu'il ne leur convient pas.
Johanna se sent ensuite coincée et a l'impression de manquer de ressources pour faire ce qu'elle a à faire. Elle a l'impression de tourner en rond, puis de devenir folle. Ses amies lui reprochent alors de prendre trop de place. Elle se retrouve devant le choix d'un corps mince ou gros.
Gabriel, un ami, organise un réveillon auquel Johanna n'est pas conviée. Elle se retrouve dans le film *Matrix*, au moment où les protagonistes font la fête à Zion. Elle

se retrouve à faire la tournée des bars avec des membres de la rébellion.

☾ Accès à l'authenticité

J'ai demandé à Johanna de me dire quelques mots au sujet de ses deux amies. Elle m'a répondu qu'elles étaient féminines, créatives et spirituelles. Ces personnages sont d'après moi une translation des personnages féminins du rêve précédent. Il s'agit du féminin créatif de Johanna qui cherche à s'exprimer en dehors des normes. Pour cela, elle cherche une source d'energie nouvelle, symbolisée par les sources d'eau chaude. La source symbolise ce qu'il y a de plus authentique chez elle. L'eau symbolise la vie et le féminin. L'eau « chaude » indique une forme de confort, qu'en connectant à cette source, il est possible de vivre un véritable confort, contrairement à celui sécuritaire et paradoxal du premier rêve.

☾ Problème d'accord

Jeanne et Caroline pensent que Mohamed ne leur convient pas.
Johanna me dit que Mohamed est un de ses amis. Il est masculin et capable de faire des choix. Il semble correspondre au symbole d'une énergie masculine bien

→

positionnée. Le rêve montre des énergies féminine et masculine bien positionnées au travers de cette source d'eau chaude et de Mohamed, mais qui ne semblent pas capables de s'accorder. Cette impossibilité d'accorder son féminin et son masculin va faire chuter Johanna dans la suite du rêve.

☾ Apparition de l'orgueil

Elle se sent ensuite coincée avec l'impression de tourner en rond et de devenir folle. Sans cet accord entre son féminin et son masculin, l'énergie nécessaire pour avancer lui échappe, elle a alors le sentiment de tourner en rond, de stagner et même de devenir folle. Quand une progression naturelle et harmonieuse n'est pas possible, notre orgueil prend le relais. Il va nous donner l'impression d'avancer en occupant l'espace. C'est à mon avis de cela que parlent ses amies quand elles disent à Johanna qu'elle prend trop de place. L'orgueil nous fait gonfler artificiellement pour nous faire exister, malgré une dysharmonie intérieure. Johanna a ensuite le choix entre un corps gros ou fin. Le choix lui est offert de continuer à occuper l'espace de manière artificielle avec son orgueil, ou d'occuper sa juste place.

☾ Pas de cérémonie de passage

Dans la suite du rêve, Gabriel organise un réveillon auquel Johanna n'est pas conviée. Gabriel est un ami qu'elle considère comme spirituel. Les réveillons, ce sont des moments de passage, mais Johanna n'est pas conviée à cette transition spirituelle.
La suite du rêve va lui montrer les conséquences de ce non-franchissement.

☾ J'existe contre le système

Johanna se retrouve à faire la tournée des bars avec des membres de la rébellion de *Matrix*. Au-delà de la qualité cinématographique de ce film, nous trouvons des symboles forts dans ce récit. Il nous montre un monde dans lequel la liberté nous est retirée. Il s'agit d'après moi d'un transfert du monde réglementé du rêve précédent de Johanna. Je pense qu'il y a une énorme différence philosophique entre le fait de s'émanciper des normes ou de se rebeller contre. En réunissant son masculin et son féminin, Johanna pourrait s'émanciper des normes pour être libre et créer dans ce monde sans le juger.
La rébellion, c'est tout autre chose, il s'agit d'après moi d'exister par la critique du monde en se positionnant en redresseur de torts. Je pense que la rébellion cherche plus à détruire qu'à créer, car il est plus simple

→

de s'opposer que d'assumer ses propres choix créatifs ainsi que l'exposition et les défis qui vont avec.

☾ Le message du rêve

Ce rêve met en lumière une autre facette de la personnalité de Johanna.
Les mécanismes que nous avons vus dans les trois premiers rêves sont présents en chacun d'entre nous dans des proportions et expressions différentes. Pour Johanna, il s'agit de la clé d'entrée dans sa psyché, elle doit être particulièrement vigilante. Quand notre énergie de vie ne s'écoule pas correctement, elle va chercher des systèmes dérivatifs. Dans le cas de Johanna, elle se disperse dans cette énergie « antisystème ».

Rêve 4 : Le retour de la grâce

☾ Préambule

Nous arrivons au centre de la psyché de Johanna. Les trois premiers rêves illustraient ses « perversions », c'est-à-dire la façon dont elle dispersait son énergie plutôt que de la mettre à son service. Sa position de redresseur de torts du rêve précédent était la zone la plus sombre de sa psyché.
Ce rêve constitue la bascule de cette série, nous allons atteindre la zone la plus profonde, la plus en accord avec le chemin de Johanna et ses spécificités. Elle va trouver la connexion à son essence, puis remonter vers les couches supérieures à la fin de ce rêve et dans les rêves suivants. Les prochains rêves de la série montreront à Johanna comment s'approprier et utiliser l'énergie révélée dans celui-ci.

☾ Le rêve

Au début, Johanna est avec sa mère. La société de cette dernière est en difficulté. Johanna est là pour aider à la transition des difficultés vers le succès.
Elles voyagent ensuite toutes les deux en bateau sur un fleuve d'Algérie pour chercher des partenaires.
Johanna est ensuite à Nice avec son ami Gaby. Elle s'y sent vraiment bien, et elle se dit qu'il y fait bon vivre,

→

que la ville est belle et qu'il fait chaud. Elle observe les couleurs, qu'elle trouve belles, notamment le jaune des murs et le vert des volets. Puis, ils vont à Grasse et profitent des odeurs chez Fragonard, qu'ils adorent. Dans la dernière partie du rêve, Johanna est dans une jardinerie, où elle cherche des pots jolis et gros pour rempoter ses plantes. Elle trouve une grande plante qu'elle veut prendre, mais un homme qui travaille dans la jardinerie est vexé qu'elle emporte la plante sans lui demander la permission. Johanna a ensuite du mal à trouver des pots à la bonne taille.

☾ Point de bascule

J'ai demandé à Johanna de me dire quelques mots au sujet de sa mère. C'est une cheffe d'entreprise qui travaille beaucoup, mais qui comme dans le rêve a connu de nombreuses difficultés. Au travers du symbole de Johanna qui aide sa mère dans la transition des difficultés vers le succès, c'est la remontée en lumière de Johanna qui est illustrée.

☾ Le bon chemin

Le voyage avec sa mère en bateau sur un fleuve d'Algérie pour chercher des partenaires évoque une connexion aux racines. Johanna est d'origine algérienne. Le voyage

sur l'eau qui symbolise la vie et le féminin montre son cheminement harmonieux. Avec ce fleuve, nous retrouvons la source d'eau chaude du rêve précédent, mais cette fois Johanna navigue dessus. Un voyage sur une rivière évoque un cheminement hors du libre arbitre. Sur une route, chaque croisement représente un choix. Mais le libre arbitre existe-t-il toujours si nous cheminons au plus proche de nous ? Le libre choix se résumerait à la possibilité de s'en éloigner. Ce cheminement n'est pas un enfermement, mais au contraire une ouverture puisque sur cette rivière Johanna cherche des partenaires. Les partenaires sont plus que des collègues. Dans la notion de partenaires, on trouve la notion de partage.
Ce voyage en bateau montre à Johanna qu'il existe une route intérieure qui est plus juste que les autres, totalement adaptée à sa personnalité.

☾ Le trait d'union

Johanna est ensuite à Nice avec Gaby et s'y sent vraiment bien. Elle observe les couleurs jaune et verte. Elle m'a dit que son ami Gaby est quelqu'un qui vit dans l'abondance financière et qui a du succès dans ce qu'il entreprend. Elle me précise qu'il a de la sensibilité. La sensibilité est le trait d'union entre le masculin et le féminin. L'harmonie entre ces deux énergies devient possible si le masculin, est sensible plutôt que normatif.

→

Le féminin pourra alors transmettre l'impulsion de vie au masculin, qui pourra s'en servir pour créer. La transition vers le succès devient possible, et Johanna peut alors rayonner.
La ville de Nice évoque la facette de Johanna la plus juste, l'endroit en elle où elle se sent bien. La couleur jaune des murs évoque sa capacité à rayonner et le vert des volets (couleur du chakra du cœur) évoque l'ouverture et la générosité, le fait d'être tourné vers le monde.

☾ La grâce

À Grasse, ils profitent des odeurs. Dans Grasse, j'entends le mot « grâce ». La grâce est un vent léger qui ne peut être apprécié et vécu qu'en dehors des turbulences. La grâce est, je crois, propre à chacun. Cet effluve unique, Johanna peut en sentir l'odeur qu'elle dit adorer, et c'est bien normal, car c'est la sienne. La marque Fragonard évoque une marque authentique et précieuse, comme l'essence de Johanna.
Cette partie du rêve lui montre que le bonheur, l'abondance et la créativité n'existent qu'au plus proche d'elle-même, au contact de cette essence unique.
La source d'eau chaude, le fleuve en Algérie et cette odeur qu'elle adore sont le transfert du même symbole.

Hélas, la connexion à cette grâce n'empêche pas nos travers d'exister. La suite du rêve et les rêves suivants remontent dans les couches supérieures de la psyché de Johanna en lui proposant des outils qui ne retireront pas les travers, mais montreront comment elle peut les maîtriser.

☾ La norme n'a pas disparu

La dernière partie du rêve avec les pots et les plantes fait réapparaître le côté normatif et limitatif des rêves précédents. L'expression de cette grâce à laquelle Johanna venait de connecter sera limitée si elle ne s'émancipe pas de ces normes. Le personnage masculin vexé illustre sa difficulté à transcender son propre système. Comme ses plantes, elle a besoin de plus d'espace et d'un environnement plus harmonieux pour grandir (pots plus gros et plus jolis).

☾ Le message du rêve

Johanna ne sait plus quel pot choisir après l'intervention de l'homme. Le côté normatif a repris le dessus. Elle va devoir apprendre à faire remonter cette grâce dans les couches supérieures de sa psyché.

Rêve 5 : Saisir les opportunités

☾ Préambule

Être conscient ne signifie pas être libre. Un esprit émancipé est-il apte à vivre la liberté ? C'est de cela que parle le prochain rêve de Johanna. La liberté est un cheminement, le choix permanent de l'ouverture, le regard levé vers les opportunités de la vie.

☾ Le rêve

Johanna assiste à un mariage. La jeune et belle mariée lui explique que cette union lui permet d'échapper à sa famille et à sa belle-mère qui la maltraite. Elle précise qu'avant d'être libérée, elle doit retourner une dernière fois dans sa famille, mais qu'elle refuse et préfère vagabonder.

Johanna et la mariée arrivent dans un village magnifique, comme sorti tout droit d'un conte. Dans ce village se trouvent une maison principale où se déroulent des stages de yoga ainsi qu'une maisonnette où elles vont toutes les deux. Elles y rencontrent un homme mignon qui propose de boire un verre. Johanna lui répond qu'elle ne veut pas boire ni d'alcool, ni de café, ni de sucre. Le jeune homme insiste et propose un cocktail

avec un déca dedans. Johanna refuse, mais la mariée accepte.
À la fin du rêve, elles sont déçues d'apprendre que, dans la maison principale, se déroulait un stage de yoga intéressant avec une professeure puissante.

☾ Phase de transition

Dans les rêves, les mariages ne sont pas le symbole de l'union avec l'autre, mais de la communion avec nous-mêmes. De mon point de vue, dans les rêves tout est nous, même un futur marié qui d'ailleurs n'est pas évoqué par Johanna. La mariée qu'elle voit jeune et belle la symbolise donc elle-même qui entre en communion pour atteindre la liberté. Ce mariage est d'après moi un transfert de la grâce du rêve précédent qui symbolisait l'union de Johanna avec la partie la plus profonde de son être.
Il y a également un transfert de la contrainte normative présente depuis le début de cette série de rêves, symbolisée ici par la famille de la mariée et la belle-mère qui la maltraite. La belle-mère est le symbole d'une pièce rapportée dans la cellule familiale, le symbole de la discorde qui nuit à l'équilibre, dont il est temps de s'émanciper. Cette émancipation passe par une phase de transition, c'est pour cela que la mariée va vagabonder.

→

☾ Rejet de toutes les possibilités

Dans la suite du rêve, ce village magnifique tout droit sorti d'un conte évoque selon moi la magie de l'existence, c'est-à-dire la possibilité d'un lien harmonieux avec son environnement. Dans la maisonnette, devant cet homme qui propose à boire, Johanna repousse toute possibilité. L'homme tente alors de s'adapter aux contraintes qu'elle a énoncées en proposant un cocktail avec un déca, mais elle refuse également.

Comment Johanna peut-elle entrer en harmonie avec sa vie si elle en refuse toutes les propositions ?

Spéculons un peu et imaginons qu'une forme d'intelligence créatrice veuille aider Johanna à avancer. Comment pourrait-elle faire si celle-ci refuse même les propositions adaptées aux contraintes qu'elle a elle-même énoncées ?

Johanna, débarrassée des contraintes normatives, n'est pas pour autant prête à accepter les opportunités proposées par la vie. La communion que j'ai évoquée au début de l'interprétation passe par une réconciliation de Johanna avec ses profondeurs, mais aussi avec la vie, et les opportunités qu'elle propose.

☾ Le message du rêve

Les blessures que la vie a infligées à Johanna l'ont peut-être coupée de la possibilité d'un accord entre

son intérieur et son extérieur. Ce rêve met en lumière la nécessité d'une réconciliation. Sans cette harmonie retrouvée, Johanna passe à côté de sa vie, symbolisée par la séance de yoga loupée avec cette jeune femme puissante.
En buvant le cocktail comme la mariée le fait, Johanna accéderait à sa propre liberté, à un rapport corps-spiritualité renoué (séance de yoga) et à l'appropriation de son propre pouvoir (professeure de yoga puissante).

Rêve 6 : Le génie de Johanna

☾ Préambule

Le dernier rêve de l'exploration de la psyché de Johanna va nous révéler son génie. Si certains concepts des rêves précédents pouvaient sembler communs à beaucoup d'êtres humains, son génie lui est complètement spécifique.
Ce rêve se sert du contexte général que nous vivons au niveau planétaire en 2021, à savoir la pandémie de la Covid et le début de la vaccination. Johanna m'a précisé avant de me raconter son rêve qu'elle était contre cette vaccination.

→

☾ Le rêve

Il commence dans l'appartement de Johanna, plus précisément dans sa cuisine. Elle a très envie de tout redécorer. Elle se demande si elle va mettre un four ou un lave-vaisselle dans un emplacement.
Ensuite, Johanna, Jeanne et Caroline sont sous l'eau ; elles discutent de la vie post-Covid et de la réouverture des restaurants. Elles y sont rejointes par Ahmed, un ami, son frère Abdel, Dounia et son petit ami. Johanna s'aperçoit qu'ils sont près d'une ville italienne. Ahmed, Abdel et Dounia annoncent à Johanna qu'ils attendent ici pour se faire vacciner. Les personnages lui demandent si elle vient aussi, elle répond catégoriquement non. Elle sort de l'eau et voit des cadavres, un gros tronc d'arbre et un bateau détruit, elle fait alors des va-et-vient dans la zone.
Dans la troisième partie du rêve, Johanna est de retour dans son appartement, qui est complètement redécoré. Dans le salon, se tiennent son frère et sa femme. Johanna est dans la chambre. Elle se rend compte du bruit de la télé. Cela ne dérange pas son frère, mais elle va dans le salon et débranche tous les câbles pour que la télé ne s'allume plus toute seule. Elle coupe la connexion internet, mais la télé reste allumée.
Elle déplace alors la télévision sur une étagère plus haute. La télé se transforme en sculpture qui adhère au mur. À côté, il y avait la photo d'un ami de la famille, dramaturge célèbre décédé en martyr, qui disparaît et qui est remplacée par la sculpture de la télévision.

Dans la dernière partie du rêve, Johanna est dans un grand espace, une sorte de magasin luxueux avec des costumes et vêtements magnifiques, ainsi que de grandes portes dorées. Elle fait comme des voyages entre le présent et le futur, elle change de « timeline ». Un beau chien se tient à côté d'elle. Chaque fois qu'elle essaie des bijoux ou des vêtements, elle voit des lignes du temps qui changent, parfois ce sont des acteurs, parfois c'est elle. Elle voit des scènes de sexe, des conversations, des couples qui avaient été formés qui n'existent plus.

☾ La décoration

Johanna est chez elle, nous sommes donc en train d'explorer sa structure. Elle ne veut pas y entreprendre des travaux, mais de la décoration. Ce rêve lui montre une structure stable, sans croyances superflues, au plus proche de son état fondamental pour un fonctionnement optimal, aligné sur sa grâce. La nouvelle décoration de son appartement indique qu'elle est prête à s'impliquer dans sa vie, à lui donner des couleurs personnelles.
Elle s'attarde sur la cuisine, le lieu qui décrit symboliquement la façon de donner. Nous touchons le sujet traité par le rêve, la façon spécifique que Johanna a de s'impliquer dans le monde en donnant d'elle-même.

→

☾ Four ou lave-vaisselle

Le four est un instrument de cuisine simple à décrypter et assez commun. Il sert à cuire des aliments que nous avons sélectionnés. C'est le symbole du « don » de nos ingrédients personnels que nous avons su associer de manière unique et cuire dans notre four intérieur pour les proposer à ceux qui en ont besoin.

Je n'avais jamais rencontré le symbole du lave-vaisselle, je l'ai donc décrypté de manière analytique. C'est un symbole très différent du four, il matérialise un échange et pas un don. Il récupère la vaisselle utilisée pour la purifier. Cette vaisselle est alors réutilisée par d'autres personnes. La vaisselle sert au service.

Le lave-vaisselle matérialise que Johanna peut apporter un service, un échange, autrement dit un échange de services. Celui qui transmet l'assiette utilisée ne sera pas le même que celui qui la recevra après le recyclage de Johanna. Apparaît donc la notion de connexion. Johanna peut mettre des personnes en relation pour un échange de services et de savoir-faire.

Elle précise qu'il n'y a qu'une place dans la cuisine pour mettre soit un four, soit un lave-vaisselle. Si Johanna place le lave-vaisselle, cela voudra dire que la nourriture dans les assiettes ne sera pas la sienne. La compétence de Johanna ne sera pas de nourrir, mais de mettre en relation.

☾ Conscience et responsabilité

Dans la suite du rêve, nous retrouvons ses deux amies Jeanne et Caroline du 3e rêve de l'exploration de sa psyché. De nombreux parallèles sont possibles entre ces deux rêves. Ils parlent de la même problématique mais, dans le premier, Johanna s'enfonce vers la part la plus sombre d'elle-même, à savoir son côté « redresseur de torts », alors que ce rêve-ci lui indique comment s'en émanciper pour laisser son génie s'exprimer.

Johanna, Jeanne et Caroline sont sous l'eau ; elles y discutent de la vie post-Covid et de la réouverture des restaurants. Johanna avait précisé que Jeanne et Caroline sont des amies féminines, créatives et spirituelles. Dans le début de cette seconde partie du rêve, il est question de la libération de l'inconscient de Johanna. Être dans les fonds marins implique symboliquement d'explorer ce qui n'est normalement pas visible, à savoir notre inconscient.
Elle peut maintenant y voir clair, c'est-à-dire être consciente de ce qui s'y trouve. La visibilité de son inconscient implique une forme de responsabilité.

La Covid et le confinement matérialisent l'enfermement de Johanna dans les normes, qui a été plusieurs fois abordé dans cette série de rêves. Va-t-elle s'en libérer ? C'est ce qu'elle évoque symboliquement avec ses deux

→

amies quand elle parle de la vie post-Covid et de la réouverture des restaurants.

☾ Toutes les facettes de Johanna

Johanna, toujours sous l'eau, est maintenant avec Ahmed, un ami, son frère Abdel, Dounia et son petit ami. Johanna me précise qu'Ahmed fuit sa propre vie, que son frère Abdel est merveilleux et heureux en couple, et que Dounia est belle et fun, mais constamment en situation d'échec amoureux. Sous l'eau, Johanna peut observer différentes facettes d'elle-même. Ces facettes sont des constantes de sa psyché avec lesquelles elle devra composer. Elle devra s'accorder avec son envie de fuir sa propre vie comme Ahmed, sera parfois capable de trouver l'harmonie intérieure comme son frère heureux en couple, et d'autres fois échouera à unir son féminin et son masculin comme Dounia.
Le thème de l'union entre le féminin et le masculin était déjà abordé dans le premier rêve avec Jeanne et Caroline, mais contrairement aux précédents, ce rêve montre ce qui se passe quand l'harmonie est trouvée.

☾ Abandon du côté redresseur de torts

Ahmed, Abdel et Dounia annoncent à Johanna qu'ils attendent pour se faire vacciner. Le vaccin illustre le côté anticonformiste de Johanna. Ces personnages qui symbolisent des constantes de sa psyché vont tous se faire vacciner, comme pour lui dire qu'ils ne veulent pas s'encombrer de cette question. Johanna peut apprendre à ne plus se laisser emporter et enfermer par ce genre de considération et à ne plus s'arc-bouter sur ces questions.

☾ Dolce vita

Johanna précise alors qu'ils sont sous l'eau près d'une ville italienne. Je lui ai demandé de me dire quelques mots au sujet de l'Italie, elle m'a répondu « Dolce vita ». Cela signifie à Johanna qu'en s'émancipant de son côté redresseur de torts, elle pourrait avoir une vie douce, mais quand les personnages lui demandent si elle vient se faire vacciner, elle répond catégoriquement non. Elle sort de l'eau et voit des cadavres, un gros tronc d'arbre et un bateau détruit, elle fait des va-et-vient dans l'eau. Ces symboles montrent le côté très destructeur de ses considérations négatives ainsi que les conséquences concrètes dans sa vie. Cette facette de sa personnalité l'éloigne de la douceur de vivre et détruit son environnement. Le bateau permet de naviguer sur l'eau, qui est le symbole de la vie et du féminin. Ici, le bateau est détruit et Johanna fait des va-et-vient. Elle tourne en rond plutôt que de naviguer sur la vie. Cette énergie du redresseur de torts la replie sur elle-même et l'empêche d'avancer.

→

☾ Isolement

Johanna est ensuite de retour dans son appartement complètement redécoré. Elle est dans la chambre, son frère et sa femme sont dans le salon. Après la plongée dans l'inconscient de Johanna, nous voici de retour dans sa structure.
Johanna avait précisé que son frère est heureux en couple. Ces éléments symbolisent la partie de Johanna en harmonie, en unissant son féminin et son masculin. Cette union permet de colorer sa structure.
Elle est dans la chambre, au plus proche d'elle-même, encore dans son inconscient, alors que le couple est dans le salon prêt à connecter avec le monde.

Johanna se rend compte du bruit de la télé. Cela ne dérange pas son frère, mais elle va dans le salon et débranche tous les câbles pour que la télé ne s'allume plus toute seule. Elle coupe la connexion internet, mais la télé reste allumée.
Le salon est le lieu qui symbolise notre rapport social. La télévision est un outil de réception d'informations provenant de l'extérieur. D'après moi, c'est dans ce rêve un transfert du côté redresseur de torts de Johanna, qui voit la télévision comme un vecteur d'informations négatives. Il s'agit d'un transfert de la vaccination, à laquelle elle est farouchement opposée. En cherchant à arrêter la télé, elle coupe la connexion internet. Internet est un échange d'informations avec l'extérieur qui

va dans les deux sens. Nous pouvons envoyer et recevoir des informations via la connexion.
Le côté redresseur de torts coupe toute connexion avec l'extérieur, sans pour autant arrêter la télévision. Cela montre à Johanna une fois de plus que cette facette de sa personnalité l'isole sans empêcher le monde de tourner.

☾ La maîtrise

Johanna déplace alors la télévision sur une étagère plus haute. La télé se transforme en sculpture qui adhère au mur. À côté, il y avait la photo d'un ami de la famille, dramaturge célèbre décédé en martyr, qui disparaît et qui est remplacée par la sculpture de la télévision.
En déplaçant la télévision sur une étagère plus haute, Johanna prend de la hauteur par rapport à son côté redresseur de torts. La télévision devient une œuvre d'art incrustée au mur qui remplace la photo du martyr. Cette photo qui disparaît matérialise l'abandon de la posture existentielle du redresseur de torts, remplacée par une acceptation du monde tel qu'il est. Elle pourrait même trouver le monde beau, car la télé devenue œuvre d'art s'est ancrée au mur, donc en elle, dans sa structure.
La maîtrise du côté redresseur de torts semble une condition à l'expression de son génie qui va être dévoilé dans la dernière partie du rêve.

→

☾ Le génie de Johanna révélé

Johanna est dans un grand espace, une sorte de magasin luxueux avec des costumes et vêtements magnifiques, ainsi que de grandes portes dorées. Elle fait comme des voyages entre le présent et le futur, elle change de « timeline ». Un beau chien se tient à côté d'elle. Chaque fois qu'elle essaie des bijoux ou des vêtements, elle voit des lignes du temps qui changent, parfois ce sont des acteurs, parfois c'est elle. Elle voit des scènes de sexe, des conversations, des couples qui avaient été formés qui n'existent plus.
Nous explorons le génie de Johanna et observons sa façon d'influencer le monde. Ce grand espace est un lieu d'échange, et ces grandes portes dorées matérialisent ses possibilités de connexion. Le côté luxueux lui indique qu'il s'agit de son « or », de son génie. Les vêtements et les bijoux matérialisent l'expression extérieure de sa beauté intérieure. Le chien qui l'accompagne montre la transformation de sa névrose, qui a été domestiquée, maîtrisée. Elle l'accompagne maintenant comme une alliée.
À chaque changement de vêtements ou de bijoux, Johanna voit les lignes du temps évoluer. Elle observe la modification des possibles. Par ce changement de vêtements, comme un caméléon, elle s'adapte à son environnement et fait émerger différentes parties de sa personnalité en fonction de l'interlocuteur, qu'elle nourrit de sa richesse intérieure. En révélant une de ses

facettes (vêtement et bijou), elle aide son interlocuteur à révéler les siennes ; l'échange se produit alors avec son environnement, générant les opportunités nouvelles.
Elle observe des scènes de sexe et des conversations. Ce sont les symboles des liens que Johanna crée dans son environnement en mettant en relation.
À chaque possibilité qu'elle suscite par ces mises en relation, elle invente de nouveaux futurs pour les autres (acteurs) et aussi pour elle. En créant de nouvelles opportunités, elle détruit forcément certains futurs qui ne se réaliseront plus.

☾ Le message du rêve

Cette fin du rêve répond au questionnement initial posé par le choix du lave-vaisselle ou du four. Johanna ne distribue pas sa propre nourriture, mais aide à faire émerger celle des autres. Une fois mise en lumière, cette nourriture peut être échangée, transmise au réseau relationnel de Johanna pour être utilisée.

À travers le plan de la psyché par les rêves, Johanna a accès à tous les traits de sa personnalité. Elle a une vue d'ensemble sur toutes ses croyances et ses valeurs structurantes. Dans les rêves que nous avions étudiés au début du livre, il était montré des croyances dont le rêveur devait se séparer.

Dans le plan de la psyché, il est montré des forces structurantes immuables qu'il ne s'agit plus d'éliminer, mais dont il faut prendre conscience et apprendre à maîtriser.

Elle connaît maintenant tous ses écueils, notamment sa capacité à adopter une position de repli et à exister comme redresseur de torts. Elle connaît aussi sa partie la plus lumineuse quand son masculin et son féminin s'harmonisent pour lui montrer le cheminement le plus juste. Elle pourra alors exprimer son génie, sa capacité à mettre en relation les personnes de son réseau.

pas
à pas

INTERPRÉTER UN RÊVE

Nous arrivons à la fin de ce livre. Vous avez maintenant les clés pour être autonome et décrypter la plupart de vos rêves. Voici une petite fiche récapitulative qui vous permettra d'appliquer la méthodologie étape par étape, sans oublier d'éléments essentiels.

1. Préambule

Notez si vous vous êtes endormi avec une question, ou si une problématique forte dans votre vie pourrait avoir une incidence sur votre rêve.

2. Le rêve

Écrivez le rêve avec le plus de détails possible en essayant de différencier chaque scène, une scène correspondant à un lieu ou à un déplacement.

3. Décryptage scène par scène

a) Si l'action est dans un lieu fixe

- *Où se déroule l'action ?*
  Notez et interprétez le lieu.

- *Quels sont les symboles / personnages / animaux présents / anomalies remarquables ?*
  Interprétez chaque symbole de manière analytique.

- *Certains symboles (lieux ou personnages) font-ils référence à une période de ma vie ?*

- *Moi dans le rêve*
  – Ai-je des sentiments ?
  – Suis-je transformé ?

- *Description de l'action*

- *Interprétation*

- *Quel est le message de la scène ? (Intrigue initiale, si c'est la première scène.)*

b) S'il y a déplacement

S'il s'agit d'une scène de déplacement, cela fait appel à un autre mécanisme d'interprétation.

- *Le moyen de locomotion (à pied, voiture, transport en commun, bateau, avion)*
- *Quelle est ma place dans ce moyen de locomotion ?*
- *Quel est le point de départ ?*
- *Quel est le point d'arrivée ?*
- *Quelle est mon allure ?*
- *Description de la trajectoire*
- *Quel est le message de la scène ?*

c) La première scène

Si vous avez noté un préambule, le rêve sera interprété par rapport à celui-ci, surtout si vous vous êtes endormi avec une question. Si ce n'est pas le cas, il faut porter une attention particulière à la première scène, qui pose l'intrigue. Toutes les scènes feront référence à l'intrigue initiale.

d) Scènes suivantes : comment évolue l'intrigue ?

- *Reposer les mêmes questions, scène par scène.*

- *Noter à la fin de chaque scène comment l'intrigue a évolué par rapport à la scène précédente.*

e) Le message du rêve, deux possibilités :

- *La dernière scène conclut l'intrigue initiale*
  L'interprétation du message est venue mettre en lumière une partie de notre inconscient, qu'il s'agit d'intégrer.

- *La dernière scène ne conclut pas l'intrigue initiale*
  Il peut s'agir d'un message unique ou d'une série de rêves qui a besoin de s'appuyer sur notre quotidien et une intégration régulière pour un changement plus grand.

CONCLUSION

Ma plongée dans le langage des rêves m'a apporté et m'apporte tous les jours une incroyable richesse, par le savoir qui s'y trouve, la connaissance de soi, et le monde merveilleux dans lequel ils nous font voyager. Même si certains rêves sont douloureux, je reste ébloui par la fantaisie des décors et la précision des messages qui sont transmis. Malheureusement, la science des rêves n'est pas assez utilisée de nos jours, et très peu s'en servent au quotidien.

J'espère que ce livre vous permettra d'abord d'appréhender le langage des rêves et d'accéder à la connaissance de vous-même, puis, dans un second temps, de décrypter les rêves de vos proches. N'hésitez pas à le leur proposer. Les rêves récurrents sont parfois des cris d'alerte de l'inconscient. Aider quelqu'un à interpréter un rêve peut avoir des conséquences positives importantes sur sa vie. Ces rêves sont généralement simples à décrypter, car ils font référence à des motifs que vous aurez sans doute déjà rencontrés soit dans ce livre, soit dans vos propres rêves. Il y aura bien sûr des personnes dubitatives, mais aussi beaucoup de personnes demandeuses.

Je souhaite ainsi avec ce livre contribuer à diffuser l'idée que le langage des rêves est accessible et utile à tous. Cette science ne m'appartient pas, elle est faite pour être transmise le plus largement possible. N'hésitez donc pas à vous approprier totalement la méthode, à la faire vôtre et à l'expliquer autour de vous.

Je vous souhaite un merveilleux voyage au pays des rêves et à la rencontre de vous-même…

La compréhension de ce qui se passe de l'autre côté du miroir est le moteur de ma vie. Comprendre le sens de l'existence, son fonctionnement à la recherche du grand plan est la quête ultime. J'ai espoir à travers ce livre de démocratiser un formidable outil de connexion.

Si vous souhaitez en savoir plus sur les rêves et mes activités, retrouvez-moi sur :

www.michael-lahmi.com

J'y propose des formations et des séances individuelles.

Retrouvez mes articles sur :

https://medium.com

J'ai créé le podcast « Le palais des fantaisies », disponible sur toutes les plates-formes d'écoute. J'y décrypte des séries de rêves, des films, des mythes et des contes.

Suivez-moi sur les réseaux sociaux TikTok, Instagram et Facebook (Le palais des fantaisies).

Retrouvez mes activités en commun avec Katia Bougchiche sur le site :

https://pallas-pronoia.com et sur les réseaux sociaux.

TABLE DES MATIÈRES

MIXTE
Papier | Pour une gestion forestière responsable
FSC® C022829
FSC
www.fsc.org

Cet ouvrage est composé de matériaux issus de forêts
bien gérées certifiées FSC®, de matériaux recyclés
et de matériaux issus d'autres sources contrôlées.
Le Forest Stewardship Council® est une organisation
internationale non gouvernementale qui encourage
une gestion écologiquement adaptée, socialement bénéfique
et économiquement viable des forêts de la planète.
Pour en savoir plus, consultez le site www.fsc.org

Achevé d'imprimer en septembre 2022
sur les presses de la Nouvelle Imprimerie Laballery
58500 Clamecy
Dépôt légal : octobre 2022
N° d'impression : 209047

Imprimé en France

La Nouvelle Imprimerie Laballery
est titulaire de la marque Imprim'Vert®